AF480198

<u>प्राक्कथन</u>

महर्षि अक्षपाद गोतम प्रणीत न्याय दर्शन, धर्म सूत्र(सामाजिक व्यवस्था संस्कार व दण्ड आदि) व वैदिक ऋचाएं (जिसमें यजुर्वेद का स्वस्त्ययन (मंत्र) की ऋचाएं पच्चीसवां अध्याय 17 से 23 जो प्रत्येक पूजा पाठ में प्रयुक्त होती है) के मंत्र ऋषि माने जाते हैं।

रामायण काल से लेकर महाभारत काल तक अलग-अलग स्थान पर गोतम का वर्णन आया है लेकिन उन सब का संबंध कहीं भी न्यायसूत्र से नहीं मिलता यदि हम वेद ,वैदिक ग्रंथों का अध्ययन करें तो हमें मिलता है की न्याय दर्शन या न्यायसूत्र का संबंध एक ही गोतम से है जिनके लिए राहुगण गौतम या आगे गौतम नौधा का वर्णन आया है । जब उसके बारे में वेदों के सूत्र व अन्य प्रमाणों का अध्ययन करते हैं तो ज्ञात होता है महर्षि गौतम राहुगण दीर्घतमा के पुत्र थे। हमारे न्यायसूत्र या न्याय दर्शन का संबंध उन्हीं से है। महर्षि गोतम न्यायसूत्र के प्रतिपादक का प्राकट्य काल वैदिक और सतयुग का है।।

गुर्जर गौड़ ब्राह्मण समाज महर्षि अक्षपाद गोतम को अपने जनक के रूप में मानकर उनकी पूजा व आराधना विक्रम संवत के चैत्र शुक्ल प्रतिपदा को इनका प्राकट्य दिवस मानकर करते हैं।

इनके इस ग्रंथ न्याय दर्शन का नाम तो सब जानते हैं पर इस ग्रंथ की उपलब्धता नगण्य सी है और गुर्जर गौड़ ब्राह्मण समाज के प्रतिष्ठित प्रतिनिधियों के पास भी न्याय दर्शन की उपलब्धता न के समान थी। मुझे इसकी एक प्रति मेरे बड़े भाई साहब डा शक्ति कुमार शर्मा ने विद्यापीठ उदयपुर से लाकर सब की जानकारी मे लाने हेतु दी थी जिसे सीमित वापस करना ही था। बाद में मेरे पुत्र राकेश शर्मा को एक अन्य लेखक की पुस्तक विश्व पुस्तक मेले में मिली। मैने उसे क्रय करने हेतु कहा और

उसने मुझे पुस्तक लाकर दी उसी को आधार बनाकर फेसबुक के माध्यम से धीरे धीरे न्याय दर्शन के सूत्रों को पोस्ट किया।यह पुस्तक उन्ही का संकलन है। जिसकी अनुक्रमणिका व सम्पादन राकेश के सहयोग से सम्पन्न हुई। महर्षि अक्षपाद गोतम प्रणीत न्याय दर्शन की अधिक लोगों तक उपलब्धता सुनिश्चित करने के लिए ही यह एक छोटा सा प्रयास है।

लेखन व संपादन में त्रुटियां मानवीय भूल के कारण स्वाभाविक रूप से हो सकती है।जिन विद्वत जनो को त्रुटियां ध्यान में आए वह सुझावों से अवगत करा सकें तो आभारी एवं क्षमा प्रार्थी रहूंगा।

भवानी शंकर शर्मा

अनुक्रमणिका

न्याय दर्शन

न्याय दर्शन भारत के छः वैदिक दर्शनों में एक दर्शन है। इसके प्रवर्तक ऋषि अक्षपाद गौतम हैं जिनका न्यायसूत्र इस दर्शन का सबसे प्राचीन एवं प्रसिद्ध ग्रन्थ है।

न्याय दर्शन क्या है?

जिन साधनों से हमें ज्ञेय तत्त्वों का ज्ञान प्राप्त हो जाता है, उन्हीं साधनों को 'न्याय' की संज्ञा दी गई है। देवराज ने 'न्याय' को परिभाषित करते हुए कहा है-

नीयते विवक्षितार्थः अनेन इति न्यायः (जिस साधन के द्वारा हम अपने विवक्षित (ज्ञेय) तत्त्व के पास पहुँच जाते हैं, उसे जान पाते हैं, वही साधन न्याय है।)

दूसरे शब्दों में, जिसकी सहायता से किसी सिद्धान्त पर पहुँचा जा सके, उसे न्याय कहते हैं। प्रमाणों के आधार पर किसी निर्णय पर पहुँचना ही न्याय है। यह मुख्य रूप से तर्कशास्त्र और ज्ञानमीमांसा है। इसे तर्कशास्त्र, प्रमाणशास्त्र, हेतुविद्या, वादविद्या तथा अन्वीक्षिकी भी कहा जाता है।

न्याय दर्शन की आवश्यकता ?

वस्तु को यथार्थ या वास्तविक रूप में जानने को तत्व ज्ञान के नाम से जाना जाता है।

वात्स्यायन ने प्रमाणैर्थपरीक्षणं न्यायः (प्रमाणों द्वारा अर्थ (सिद्धान्त) का परीक्षण ही न्याय है।) इस दृष्टि से जब कोई मनुष्य किसी विषय में कोई सिद्धान्त स्थिर करता है तो वहाँ न्याय की सहायता अपेक्षित होती है। इसलिये न्याय-दर्शन विचारशील मानव समाज की मौलिक आवश्यकता और उद्भावना है। उसके बिना न मनुष्य अपने विचारों एवं सिद्धान्तों को परिष्कृत एवं सुस्थिर कर सकता है न प्रतिपक्षी के सैद्धान्तिक आघातों से अपने सिद्धान्त की रक्षा ही कर सकता है।

न्यायशास्त्र उच्चकोटि के संस्कृत साहित्य (और विशेषकर भारतीय दर्शन) का प्रवेशद्वार है। उसके प्रारम्भिक परिज्ञान के बिना किसी ऊँचे संस्कृत साहित्य को समझ पाना कठिन है, चाहे वह व्याकरण, काव्य, अलंकार,

आयुर्वेद, धर्मग्रन्थ हो या दर्शनग्रन्थ। दर्शन साहित्य में तो उसके बिना एक पग भी चलना असम्भव है। न्यायशास्त्र वस्तुतः बुद्धि को सुपरिष्कृत, तीव्र और विशद बनाने वाला शास्त्र है। परन्तु न्यायशास्त्र जितना आवश्यक और उपयोगी है उतना ही कठिन भी, विशेषतः नव्यन्याय तो मानो दुर्बोधता को एकत्र करके ही बना है।

न्याय दर्शन का आधार

वैशेषिक दर्शन की ही भांति न्यायदर्शन में भी पदार्थों के तत्व ज्ञान से निःश्रेयस् की सिद्धि बतायी गयी है। न्यायदर्शन में १६ पदार्थ माने गये हैं-

१. प्रमाण – ये मुख्य चार हैं – प्रत्यक्ष , अनुमान , उपमान एवं शब्द।

२. प्रमेय – ये बारह हैं – आत्मा, शरीर, इन्द्रियाँ, अर्थ , बुद्धि / ज्ञान / उपलब्धि , मन, प्रवृत्ति , दोष, प्रेतभाव , फल, दुःख और उपवर्ग।

३. संशय

४. प्रयोजन

५. दृष्टान्त

६. सिद्धान्त – चार प्रकार के है : सर्वतन्त्र सिद्धान्त , प्रतितन्त्र सिद्धान्त, अधिकरण सिद्धान्त और अभुपगम सिद्धान्त।

७. अवयव

८. तर्क

९. निर्णय

१० वाद

११ जल्प

१२ वितण्डता

१३. हेत्वाभास – ये पांच प्रकार के होते हैं : सव्यभिचार, विरुद्ध, प्रकरणसम, साध्यसम और कालातीत।

१४. छल – वाक् छल , सामान्य छल और उपचार छल।

१५. जाति

१६. निग्रहस्थान

न्यायसूत्र-इतिहास

गोतम के 'न्यायसूत्र' से ही न्यायशास्त्र का इतिहास स्पष्ट रूप से प्रारम्भ होता है। प्राचीन ग्रन्थों में इस न्यायशास्त्र के कतिपय सिद्धान्तों की चर्चा तो आज भी विशद रूप से उपलब्ध है; परन्तु उस प्राचीन तर्कशास्त्र का सम्यक् एवं सर्वांगपूर्ण स्वरूप क्या और कैसा था, इसका सही ज्ञान किसी को नहीं है। 'बौद्ध दर्शन' के प्रकरणों में यह उल्लेख मिलता है कि बौद्ध मत वाले अपने मत का प्रतिपादन आस्तिक सिद्धान्तों के विरुद्ध किया करते थे। इसी का प्रतिषेध करने हेतु न्यायदर्शन की संरचना हुई।

बुद्ध का समय छठी शताब्दी ईसा पूर्व माना जाता है। यही वह समय था जब गोतम ने न्यायशास्त्र की रचना की। न्यायदर्शन का एक नाम तर्कशास्त्र भी है। प्राचीन ग्रन्थ शास्त्रों में किन्हीं-किन्हीं स्थानों में गोतम तथा कहीं-कहीं अक्षपाद को न्यायदर्शन का रचयिता कहा गया है। आचार्य विश्वेश्वर की तर्कभाषा की भूमिका के अन्तर्गत पृष्ठ 11-20 में इसका उल्लेख है। उमेश मिश्र द्वारा रचित 'भारतीय दर्शन' में कहा गया है कि तर्कशास्त्र बौद्धों के पहले भी था और वह बड़ा व्यापक था। इसके भिन्न-भिन्न प्राचीन नाम हैं। यथा – आन्वीक्षिकी, हेतुशास्त्र, हेतुविद्या, तर्कशास्त्र, तर्कविद्या, वादविद्या, प्रमाणशास्त्र, वाकोवाक्य, तक्की, विमंसि आदि।

न्यायसूत्र की संरचना कब हुई, इसका निर्णय कर पाना बहुत कठिन है। कारण कि विद्वानों ने ई.पू. छठवीं शताब्दी से लेकर ईसा पूर्व पाँचवी शताब्दी के बीच अपनी मान्यतायें प्रस्तुत की हैं; परन्तु सबके अपने-अपने पक्ष तर्कयुक्त हैं। उससे किसी निश्चित निर्णय पर नहीं पहुँचा जा सकता।

न्यायशास्त्र के समग्र विचार दो धाराओं में विभक्त किए जा सकते हैं – **प्रमेयप्रधान और प्रमाणप्रधान।** गोतम से गंगेशोपाध्याय के पूर्व तक के विद्वानों की रचनाओं के विचार प्रमेयप्रधान हैं और गंगेशोपाध्याय की तत्त्वचिंतामणि तथा उसपर आधारित परवर्ती विद्वानों की रचनाओं के विचार प्रमाणप्रधान हैं। प्रमेयप्रधान विचार वाले ग्रंथसमूह को 'प्राचीन न्याय' तथा प्रमाणप्रधान विचारवाले ग्रंथसमूह को 'नव्य न्याय' कहा जाता है। प्राचीन न्याय की भाषा सरल और पदार्थविवेचन स्थूल है तथा नव्य न्याय की भाषा जटिल और पदार्थविवेचन सूक्ष्म है।

न्यायसूत्र के पश्चात् का जो साहित्य उपलब्ध है, उन सबमें वात्स्यायनकृत 'न्यायभाष्य' का प्रथम स्थान माना जाता है। न्यायभाष्य पर 'न्यायवार्तिक' नाम की एक टीका 'उद्योतकर' ने लिखी है, जिसमें न्यायशास्त्र के प्रमेयों के सही स्वरूप को जानने की सर्वाधिक उपादेयता विद्यमान है। इनका काल भी ईसा की पाँचवीं-छठीं शताब्दी के आसपास ही है। उद्योतकर द्वारा रचित 'न्यायवार्तिक' नामक टीका प्रकाशित होने के पश्चात् भी न्यायशास्त्र पर बौद्धों का आघात बन्द नहीं हुआ, जिसके कारण ख्यातिप्राप्त टीकाकार वाचस्पति मिश्र को न्यायवार्तिक के ऊपर भी एक टीका लिखनी पड़ी, जो 'न्यायवार्तिकतात्पर्यटीका' के नाम से प्रसिद्ध अत्यधिक महत्त्वपूर्ण टीका है। विद्वानों ने वाचस्पति मिश्र का समय ईसा की नवीं शताब्दी मानी है। इन्होंने ही इस न्यायशास्त्र को शुद्ध एवं लिपिबद्ध किया। इसी शुद्धता के कारण ही आज यह लेखा-जोखा उपलब्ध है कि न्यायदर्शन में 5 अध्याय तथा 10 आह्निक हैं, 84 प्रकरण एवं 528 सूत्र हैं, 196 पद एवं 8385 अक्षर हैं।

न्यायशास्त्र में न्याय के पाँच अवयव माने गए हैं – प्रतिज्ञा, हेतु, उदाहरण, उपनय और निगमन। जिस वाक्य से पक्ष के साथ साध्य के संबंध का ज्ञान हो उसे "प्रतिज्ञा", जिस वाक्य से हेतु में साध्य की उपयोगिता अवगत हो उसे "हेतु", जिस वाक्य से हेतु में साध्य की व्याप्ति बताई जाए उसे "उदाहरण", जिस वाक्य से पक्ष में साध्यवाक्य हेतु का संबंध बोधित हो उसे "उपनय" और जिस वाक्य के हेतु का अबाधितत्व एवं असत्प्रतिपक्षितत्व बताते हुए हेतु के सामर्थ्य से पक्ष में साध्य के संबंध का उपसंहार किया जाए उसे "निगमन" कहा जाता है। उनके उदाहरण क्रम में इस प्रकार हैं :

1. "पर्वतो वह्निमान्" – प्रतिज्ञा
2. "धूमात्" – हेतु
3. "यो यो धूमवान् स स वह्निमानं" – उदाहरण
4. तथा चायम् – उपनय'
5. तस्माद् वह्निमान् – निगमन

इसी पंचावयवात्मक वाक्य को वात्स्यायन ने "परम न्याय" कहा है।

गोतम

प्राचीन ग्रंथों में स्थान स्थान पर गोतम का वर्णन आया है क्योंकि हमारी समाज में महान व्यक्ति के नाम पर नाम रखने की परंपरा जैसे शल्य पर्व में भी एक गोतम का वर्णन आया है । वनपर्व में भी एक गोतम का वर्णन आया है जिन्हें अत्रि कुल उत्पन्न बताया गया है ।आगे कृपाचार्य के पुत्र शक्ति वह शक्ति के पुत्र गोतम का भी वर्णन आया है ।

इस प्रकार रामायण काल से लेकर महाभारत काल तक कई गोतम का अलग-अलग स्थान पर वर्णन आया है लेकिन उन सब का संबंध कहीं भी न्यायसूत्र से नहीं मिलता यदि हम वेद ,वैदिक ग्रंथों का अध्ययन करें तो हमें मिलता है की न्याय दर्शन या न्यायसूत्र का संबंध एक ही गोतम से आया है जिनके लिए राहूगण गोतम या आगे गोतम नौधा का वर्णन आया है । जब उसके बारे में वेदों के सूत्र व अन्य प्रमाणों का अध्ययन करते हैं तो ज्ञात होता है महर्षि गोतम राहुगण दीर्घतमा के पुत्र थे।

 हमारे न्यायसूत्र या न्याय दर्शन का संबंध उन्हीं से है राहूगण दीर्घतमा के कई स्थानों पर वेदों में भी सूत्र मिलते है। इस हिसाब से अगर देखा जाए तो हमारे महर्षि गोतम न्यायसूत्र के प्रतिपादक का प्रागट्य काल वैदिक और सतयुग का है।

वंश का वर्णन देखें तो अनेक प्रमाणों में और प्रमाणों का विश्लेषण करने के बाद यह पता लगता है की पितामह *ब्रह्मा* की मानस पुत्र मनुओ में स्वयंभू मनु के दस 10 पुत्रों में मरीचि अत्रि, *अंगिरा* , पुलह,पुलस्त्य ,भृगु कृतु वशिष्ठ दक्ष नारद हैं

इनमें *अंगिरा* से गोतम वंश की उत्पत्ति हुई अंगिरा की पत्नी *सुरूपा* थी इनके आंगिरस,उतथ्य व संवर्त 3 पुत्र हुए। उतथ्य की पत्नी ममता थीं। पुत्र *राहुगण* *दीर्घतमा* थे। इनकी पत्नी का नाम *प्रद्वेशी* था

राहुगण दीर्घ तमा के पुत्र *महर्षि* *गोतम* प्रमाणित है ।
   "ब्रह्मा -> अंगिरा -> उतथ्य -> राहुगण-> महर्षि गोतम"

2 मत्स्यपुराण के अनुसार इस प्रकार राहुगण दीर्घतमा से ही महर्षि गोतम की उत्पत्ति हुई थी यह पूर्ण प्रमाणिक है ।

3 **गोतम अर्थात अंधकार से दूर जाना महर्षि गोतम** की शिक्षा व उच्च विद्या राहुगण दीर्घतमा के सानिध्य में ही हुई और वे कर्मकांड के परम विद्वान बने महर्षि ने तप के.बल पर अनेक विद्याओं व सिद्धियों पर पारंगतस्थिति प्राप्त की और इसीलिए.वे शीघ्र ही उस काल के नव ऋषि यों में प्रतिष्ठित हो गए उनकी विद्वता की चर्चा दूर-दूर तक होने लगी और कई जगह शास्त्रोक्त व्याख्यान में उन्हें आमंत्रित किया जाने लगा अर्थात उनके पिता ने जिस आशा और विश्वास के साथ उनका नाम गोतम रखा था उसको और उनके कदम बढ़ने लगे उनका जीवन बढ़ने लगा महर्षि गोतम शिव उपासक थे और शिव उपासना की अनेक प्रमाण अनेक निर्माण उनकी जीवन में आगे हम देखेंगे ।

4 शतपथ ब्राह्मण ग्रंथ के अनुसार गोतम का विवाह अहिल्या के साथ हुआ था ।

5 प्रमाणिक मतों के अनुसार अहिल्या राजा मुदगल के पुत्र राजा ब्रहदक्ष की कन्या थी । महर्षि गोतम ने ही विश्वामित्र को सर्वप्रथम ब्रह्म ऋषि के रूप में प्रतिष्ठित किया। यह.गोतम की उदारता और विकसित दृष्टिकोण का सबसे बड़ा उदाहरण है।

6 अहिल्या की धनुर्विद्या में काफी रुचि थी ।वह विवाह के बाद भी महर्षि गोतम के साथ धनुर्विद्या का अभ्यास करती थी। एक बार जब अहिल्या दूर से बाण लाते में सूर्य के जेष्ठ के ताप में घबरा कर गिर गई और महर्षि गोतम ने सूर्य की किरणों को देखकर उन्हें श्राप देने का उद्दत हो गए उसी समय सूर्य ब्राह्मण के रूप में प्रकट हुए और उन्होंने ताप रक्षा के लिए पद त्रान व छाता गोतम को भेंट किया ।तभी से गर्मी के बचाव के लिए छाता व जूतों की परंपरा प्रारंभ हुई इससे पूर्व पादुकाएं पहनी जाती थी महर्षि गोतम को अहिल्या से 3 पुत्र एक पुत्री प्राप्त हुई शतानंद नोधात्ऋषि व वामदेव। पुत्री अंजना या विजिया। ऐतरेय ब्राह्मण में नोधात्ऋषि की काफी चर्चा है नोधा गौतमः नव्य ब्रह्म अतक्षत, सनातन गोतम इंद्र नव्यं ,सघोमुषय वीर्याय नोद्धा,,, गोतम की भांति नोधा भी सामवेदी ब्राह्मण थे ।इनके गाए हुए सोमगान नोघस नाम से प्रसिद्ध हुए।। यह मंत्र राज्याभिषेक के समय बोले जाते हैं शिव पुराण में वामदेव का अनेक स्थानों पर वर्णन मिलता है।

आपस्तम्ब ने भी आंगीरस गोतम व बामदेव को एक ही वंश का का कहा है वामदेव के मंत्रों में कहा गया है तन्यापितु गौतमा। तीसरे पुत्र का रामायण में उल्लेख मिलता है महर्षि गोतम से अहिल्या की उद्धार का उपाय शतानन्द ने ही पूछा था और उसी उपाय के अनुसार भगवान राम की चरण रज से ऋषि गोतम की पत्नी अहिल्या का उद्धार हुआ था ।

7 राजा निमी ने राज्य विस्तार हेतु विदेथ के राजा पर आक्रमण किया और उसे पराजित कर मिथिला नामक राज्य की स्थापना की थीऔर निम्मी के पुत्र जो जांघ से पैदा हुए, वह बाद में राजा जनक के रूप में प्रसिद्ध हुआ।।
जिन्होंने महर्षि गोतम को मिथिला का राजगुरु बनाया ।इसी पद पर बाद में उनके पुत्र शतानंद स्थापित हुए।। इसीलिए रामचरितमानस में भी जनक के राजगुरु वह पुरोहित के रूप में शतानंद का नाम वर्णित है।

गोतम प्राकट्य एवम् नवसंवत्सर दिवस पर एक कविता:

नव संवत्सर भोर सुहानी,

अक्षपाद प्राकट्य दिवस।

नवरात्रे हो सिद्धिदायक

नव भारत का नित उत्कर्ष।।

न्याय और धर्म सूक्तों के

प्रतिपादक को नमन विशेष।

नमन राष्ट्र,गुरू,अभिभावक को ,

हो ना किंचित भी कलिमेष।।

सभी स्वजन सौहार्द रखें मन

बढे प्रीति मेरे मन मीत।

शुभाशीष ले नत हो उन्नत

हिलमिल गायें मंगल गीत।।

जल्प वितण्डा अवयव अवयवी
जाने उपनय और उपचार।
शब्द,प्रेत्य,संशय,प्रत्यक्ष,
प्रमेय प्रमाण का करें विचार।।

जाति,वितण्डा, हेत्वाभास
और निग्रह पर कर लो शोध।
सच्ची न्याय व्यवस्था का सहज
ही तुमको हो जाएगा बोध।।

ऑंख कान को बॉध न्याय का
अब तो बंद करो उपहास।
न्यायाधिप हर विप्र विचारे
गौरव मय अपना इतिहास।।

भवानी शंकर शर्मा.....

न्याय दर्शन पदार्थ:

न्याय दर्शन पदार्थ: यह संक्षेप में न्याय दर्शन के सभी प्रमुख विषयों का वर्णन है।

प्रमाण (भारतीय दर्शन)

भारतीय दर्शन में प्रमाण उसे कहते हैं जो सत्य ज्ञान करने में सहायता करे, अर्थात् वह साधन या प्रक्रिया जिससे किसी दूसरी बात का यथार्थ ज्ञान हो। प्रमाण न्याय का मुख्य विषय है। 'प्रमा' नाम है यथार्थ ज्ञान का। यथार्थ ज्ञान का जो करण हो अर्थात् जिसके द्वारा यथार्थ ज्ञान हो, उसे प्रमाण कहते हैं। **न्यायदर्शन में प्रत्यक्ष, अनुमान, उपमान और शब्द – ये चार प्रमाण माने गए हैं।** इसमें ऐतिह्य, अर्थापत्ति, संभव और अभाव के प्रमाणत्व का खंडन किया गया है।

1.1 प्रत्यक्ष

प्रत्यक्ष प्रमाण के दो भेद हैं- बाह्य और आभ्यंतर। घ्राण, रसना, चक्षु त्वक् और श्रोत्र, इन इंद्रियों को, शरीर के बाहर ऊपरी भाग में रहने के कारण तथा बाहरी विषयों का ग्राहक होने के कारण "बाह्य प्रत्यक्ष प्रमाण" और मन को शरीर के भीतर आत्मा के साथ रहने तथा भीतरी पदार्थ आत्मा एवं आत्मीय गुणों का ग्रहाक होने के कारण "आंतर प्रत्यक्ष प्रमाण" कहा जाता है। प्रत्यक्ष शब्द से इंद्रिय, तज्जन्य ज्ञान और उनके विषय इन तीनों का बोध होता है। ये तीन प्रकार के बोध निम्नलिखित व्युत्पत्तियों से क्रमशः उत्पन्न होते हैं :

1. "प्रति गतम् अक्षम् = इंद्रियम्" – (सन्निकृष्ट इंद्रिय)

2. "प्रति गतम् अक्षम् यस्मै" (इंद्रियजन्य ज्ञान)

3. "यं प्रति गतम् अक्षम्" (इंद्रियसन्निकृष्ट विषय)

इंद्रिय रूप प्रत्यक्ष प्रमाण की संख्या छ: होने से तज्जन्य ज्ञानों की संख्या छ: होती है और उन्हें इंद्रियद्वारक नामों से व्यवहृत किया जाता है, जैसे- घ्राणज, रासन, चाक्षुष, त्वाच, श्रावण और मानस इन प्रत्यक्ष ज्ञानों में प्रत्येक के दो भेद होते हैं-

निर्विकल्पक और सविकल्पक।

1.1.1 निर्विकल्पक- इस प्रत्यक्ष में वस्तु के स्वरूप मात्र का भान होता है, उसकी विषयभूत, में परस्पर संबंध का मान नहीं होता; अतएव इस प्रत्यक्ष की विषयता विशेषणता विशेष्यता और संसर्गता से विलक्षण होती है और वह विलक्षण विषयता ही इस प्रत्यक्ष का लक्षण है। यह अतीन्द्रिय होता है अर्थात् इसका प्रत्यक्ष नहीं होता। "सविकल्पक प्रत्यक्ष" के कारण रूप में इसका अनुमान होता है।

1.1.2 सविकल्पक – यह प्रत्यक्ष विशिष्टग्राही होता है। इसकी विषयता विशेषणता-प्रकारता, विशेष्यता और संसर्गता के भेद से तीन प्रकार की होती है। **यह निर्विकल्पक" से उत्पन्न होता है और मन से इसका प्रत्यक्ष वेदन होता है।** इसके प्रत्यक्ष को "अनुव्यवसाय" शब्द से व्यवहृत किया जाता है। प्रत्येक जन्य सविकल्पक प्रत्यक्ष के दो भेद होते हैं- लौकिक और अलौकिक।

1.1.2.1 लौकिक – प्रत्यक्ष वर्तमान और समीपस्थ वस्तु का ही ग्राहक होता है। **उसका जन्म वस्तु के साथ इंद्रिय के लौकिक सन्निकर्ष से होता है;** वे सन्निकर्ष छ: हैं – संयोग, संयुक्त समवाय, संयुक्तसमवेत समवाय, समवाय, समवेत समवाय और विशेषणता। इनमें संयोग से द्रव्य का, संयुक्तसमवाय से द्रव्य के गुण, कर्म और सामान्य का, संयुक्तसमवेत समवाय से गुण और कर्म के सामान्य का, समवाय से शब्द का, समवेत समवाय से शब्द के सामान्य का और विशेषणता से समवाय तथा अभाव का प्रत्यक्ष होता है।

1.2.2.2 अलौकिक – अलौकिक प्रत्यक्ष दूरस्थ और अविद्यमान पदार्थ को भी ग्रहण करता है। **उसका जन्म विषय के साथ इंद्रिय के अलौकिक सन्निकर्ष से संपन्न होता है।** अलौकिक सन्निकर्ष तीन हैं- सामान्यलक्षण, ज्ञानलक्षण और योगज।

सामान्यलक्षण – ज्ञातसामान्य या सामान्यज्ञान को सामान्यलक्षणसन्निकर्ष कहा जाता है। इससे समीपस्थ, दूरस्थ, विद्यमान और अविद्यमान सभी प्रकार के समस्त सामान्याश्रयों का प्रत्यक्ष होता है। यह प्रत्यक्ष उसी दशा में होता है, जब सामान्य के किसी आश्रय के लौकिक प्रत्यक्ष की सामग्री सन्निहित रहती है। इसी सन्निकर्ष की महिमा से किसी एक मात्र धूम में किसी एक मात्र वह्नि के साहचर्य ज्ञान से ही सब धूमों में सब वह्नि की व्याप्ति का ज्ञान हो जाता है तथा सन्निकृष्ट धूम में वह्नि की व्याप्ति का निश्चय रहते हुए भी असन्निकृष्ट धूम में वह्निव्यभिचार का संदेह होता है

ज्ञानलक्षण – तत्तद् विषय का ज्ञान ही तत्तद् विषय के साथ इंद्रिय का "ज्ञानलक्षण" सन्निकर्ष कहा जाता है। इस सन्निकर्ष से ज्ञान के विषय का ही प्रत्यक्ष होता है, उसके आश्रय का नहीं। इसी के प्रभाव से एक पदार्थ में अन्य पदार्थ के धर्म का भ्रमात्मक प्रत्यक्ष होता है।

योगज – योगाभ्यास से मनुष्य की आत्मा में एक विशिष्ट धर्म का उदय होता है। इस धर्म को ही विषय के साथ इंद्रिय का योगज सन्निकर्ष कहा जाता है। इससे इंद्रियों का सामर्थ्य बढ़ जाता है, जिसके फलस्वरूप इंद्रियां दूरस्थ और अविद्यमान पदार्थ का भी प्रत्यक्ष करने लगती हैं। उसके प्रभाव से ही योगी को सर्वज्ञता की प्राप्ति होती है।

*** नित्य प्रत्यक्ष** – इस सन्दर्भ में यह बात ध्यान देने योग्य है कि उक्त जन्य प्रत्यक्षों से अतिरिक्त एक नित्य प्रत्यक्ष भी है, जो अजन्मा एवं अविनाशी है। वह प्रत्यक्ष समग्र संसार को विषय करता है और उपादानप्रत्यक्ष के रूप में सभी कार्यों का कारण होता है। वह एकमात्र ईश्वर में ही समवेत रहता है।

1.2 अनुमान

अनुमान प्रमाण से उन सभी पदार्थों का ज्ञान किया जाता है जो इंद्रिय द्वारा ज्ञात होने की योग्यता रखते हुए भी दूरस्थ या अविद्यमान होने के कारण इंद्रिय से ज्ञात नहीं हेते अथवा जिसमें इंद्रिय से ज्ञात होने की योग्यता ही नहीं होती। इसके दो भेद होते हैं – स्वार्थानुमान और परार्थानुमान। जिस अनुमान से अपने संशय का निराकरण या अपने आप को साध्य का निश्चय होता है, उसे "स्वार्थानुमान" तथा जिस अनुमान से अन्य व्यक्ति – जिज्ञासु, प्रतिवादी या मध्यस्थ – के संशय का निराकरण या साध्य का निश्चय होता है, उसे "परार्थानुमान" कहा जाता है। "स्वार्थानुमान" की निष्पत्ति अन्य पुरुष के वचन की अपेक्षा न कर अपने प्रयास से हेतु में साध्य की व्याप्ति का ज्ञान अर्जित कर की जाती है और "परार्थानुमान" की निष्पत्ति अन्य पुरुष के वचन से अर्थात् पंचावयवात्मक न्याय के प्रयोग से व्याप्तिज्ञान प्राप्त कर की जाती है।इसीलिए गंगेशोपाध्याय ने तत्वचिंतामणि (अनुमान खंड) के अवयवप्रकरण में स्पष्ट कहा है-

तच्चानुमानं परार्थ न्यायसाध्यमिति न्यायस्तदवयवाश्च प्रतिज्ञा हेतूदाहरणोपनय निगमनानि निरूप्यन्ते।

अनुमान का स्वरूप :

हेतु, व्याप्तिज्ञान या व्याप्ति ज्ञानसहकृत मन को अनुमान कह जाता है। इनमें तीसरा पक्ष बहुत ही कम प्रसिद्ध है, पर प्रथम दो पक्ष अधिक प्रसिद्ध हैं। उदयनाचार्य तथा उनके अनुयायी "हेतु" को और गंगेशोपाध्याय तथा उनके अनुयायी "व्याप्तिज्ञान" को **अनुमान** कहते हैं।

अनुमान के भेद :

न्याय दर्शन में अनुमान के तीन भेद बताए गए हैं- पूर्ववत्, शेषवत् और सामान्यतोदृष्ट। वात्स्यायन ने इन अनुमानों की निम्नलिखित रूप से दो प्रकार की व्याख्याएँ की हैं :

1. पूर्ववत् = कारण से कार्य का अनुमान (जैसे- मेध से भावी वृष्टि का) 2- एक आश्रय में एक साथ प्रत्यक्ष दो पदार्थों में जैसे- पाकशाला में एक प्रत्यक्ष देखे गए धूम और एक से दूसरे का पूर्व की भाँति साथ होने का अनुमान वह्नि में धूम से पर्वत वह्नि का अनुमान

2. शेषवत् = कार्य से कारण का अनुमान (जैसे- प्रवाह की पूर्णता, द्रुतगामिता, तृणादियुक्तता से भूत वृष्टि का) -2 = प्रसक्त (साथ/ संलग्न) का प्रतिषेध (निषेध) और अन्यत्र प्रसक्ति के अभाव से जैसे- भावात्मक होने के कारण द्रव्य, गुण, कर्म, सामान्य शेष बचनेवाले पदार्थ का अनुमान। विशेष और समवाय (समुह) में शब्द के अंतर्भाव की प्रसक्ति होनेपर सत्ता जाति का आश्रय होने से सामान्य, (2) विशेष और समवाय में एक द्रव्यमात्र में समवेत होने से द्रव्य में और शब्दांतर का कारण होने से कर्म में अंतर्भाव का निषेध तथा अभाव में भावात्मक शब्द के अंतर्भाव की अप्रसक्ति से शेष बचने वाले गुण में शब्द के अंतर्भाव का अनुमान।

3. सामन्यतोदृष्ट-1 = कार्य-कारणभाव का नियमन होने पर भी जैसे- "एक स्थान में देखे गए पदार्थ की अन्य स्थान में सामान्यता एक सहचरित पदार्थ से अन्य उपलब्धि उस पदार्थ के अन्य स्थान में जाने से सहचरित पदार्थ का अनुमान ही संभव है"- इस सहचार नियम के आधार पर प्रात: पूर्व में देखे गए सूर्य को सायंकाल पश्चिम में देखकर सूर्य के पूर्व से पश्चिम जाने का अनुमान होता है।

सामन्यतोदृष्ट -2 = जिन दो पदार्थों में व्याप्यव्यापक भाव संबंध जैसे- इच्छा आदि गुण और आत्मा का परस्पर संबंध प्रत्यक्ष विदित न हो, किंतु प्रत्यक्ष विदित संबंध जब प्रत्यक्षविदित नहीं है, किंतु सामान्य रूप से वाले पदार्थों का सामान्य सादृश्य हो, उनमें गुण और द्रव्य का संबंध प्रत्यक्षविदित है, इच्छा एक दूसरे का अनुमान आदि में गुण का एवं आत्मा में द्रव्त्व रूप से अन्य द्रव्य का सादृश्य होने के कारण इच्छा आदि गुणों से उनके आश्रय रूप में आत्मस्वरूप द्रव्य का अनुमान।

उक्त तीनों अनुमानों में प्रत्येक के तीन भेद माने जाते हैं- "केवलान्वयी", "केवलव्यतिरेकी" और अन्वयव्यतिरेकी।

 इन भेदों का आधार रघुनाथ शिरोमणि ने साध्य को, उदयानाचार्य ने व्याप्तिग्राहक सहचार को और गंगेशोपाध्याय ने व्याप्ति को माना है।

तात्पर्य यह है कि जिस साध्य का विपक्ष नहीं होता उस साध्य का अनुमान "केवलान्वयी" अनुमान कहा जाता है, जैसे वाच्यत्व, ज्ञेयत्व आदि सार्वत्रिक धर्मों का अनुमान एवं जिस साध्य का सपक्ष नहीं होता उस साध्य का अनुमान "केवल व्यतिरेकी" अनुमान कहा जाता है, जैसे गंध से पृथिवी में पृथिवीतरभेद का अनुमान, तथा जिस साध्य में सपक्ष, विपक्ष दोनों होते हैं उस साध्य का अनुमान "अन्वयव्यतिरेकी" अनुमान कहा जाता है, जैस घूम से वह्नि का अनुमान।

उदयनाचार्य का आशय यह है कि "अन्वयसहचार" = हेतु में साध्य का सहचार और "व्यतिरेकसहचार" = साध्याभाव में हेत्वभाव का सहचार, इन दोनों सहचारों से अन्वयव्याप्ति का ही ज्ञान होता है और उसी से अनुमिति होती है, अत: जिस अनुमिति के उत्पादक व्याप्तिज्ञान का उदय केवल अन्वयसहचार के ज्ञान से होता है उस अनुमिति का कारण "केवलान्वयी" अनुमान, एवं जिस अनुमिति के उत्पादक व्याप्तिज्ञान का जन्म केवल व्यतिरेकसहचार से होता है उस अनुमिति का कारण "केवल व्यतिरेकी" तथा जिस अनुमिति के उत्पादक व्याप्तिज्ञान का उदय अन्वयसहचार और व्यतिरेक सहचार दोनों के ज्ञान से होता है उस अनुमिति का कारण "अन्वयव्यतिरेकी" अनुमान कहा जाता है।

गंगेशोपाध्याय का अभिप्राय यह है कि अनुमिति की उत्पत्ति केवल अन्वयव्याप्तिज्ञान से ही नहीं होती, किंतु व्यतिरेकव्याप्तिज्ञान से भी होती है,

अत: जिस अनुमिति का जन्म केवल अन्वयव्याप्तिज्ञान से होता है उस अनुमिति का कारण "केवलान्वयी", एवं जिस अनुमिति का जन्म केवल व्यतिरेकव्याप्ति के ज्ञान से होता है उस अनुमिति का कारण "केवलव्यतिरेकी" तथा जिस अनुमिति का जन्म अन्वय और व्यतिरेक दोनों व्याप्तियों के ज्ञान से होता है उस अनुमिति का कारण "अन्वयव्यतिरेकी" अनुमान कहा जाता है।

हेतु :

जिस पदार्थ में साध्य की व्याप्ति और पक्षधर्मता के ज्ञान से अनुमिति की उत्पत्ति होती है उसे "हेतु" या लिंग कहा जाता है।

उसके दो भेद होते हैं – "सद्धेतु" और "हेत्वाभास" (दुष्ट हेतु)।

सद्धेतु:

सद्धेतु में निम्नलिखित पाँच रूप अवश्य होने चाहिए :

1. पक्षसत्व = पक्ष में रहना

2. सपक्षसत्तव = साध्य के निश्चित आश्रय में रहना

3. विपक्षासत्व = साध्याभाव के निश्चित आश्रय में न रहना

4. अबाधिकत्व = पक्ष में साध्य का बाधित न होना।

5. असत्प्रतिपक्षितत्व = पक्ष में साध्याभाव के साधनार्थ अन्य हेतु के ज्ञान या प्रयोग का न होना।

यहाँ उक्त पाँचों के रूपों से संपन्न होना केवल अन्वयव्यतिरेकी सद्धेतु के लिए ही आवश्यक है। केवलान्वयी सद्धेतु के लिए "विपक्षसात्व" से अतिरिक्त चार रूपों से ही संपन्न होना अपेक्षित होता है।

हेत्वाभास – जिसके ज्ञान से अनुमिति उसके कारणभूत व्याप्तिज्ञान या पक्षधर्मताज्ञान का प्रतिबंध होता है उसे – हेतुगत दोष अर्थ में – "हेत्वाभास" कहा जाता है और ये दोष जिन हेतुओं में होते हैं उन्हें- "दुष्ट हेतु" अर्थ में "हेत्वाभास" कहा जाता है। हेतुगत दोष के पाँच भेद माने जाते हैं। निम्नलिखित तालिका से यह समझा जा सकता है कि वे भेद कौन हैं, उनके द्वारा क्या प्रतिबध्य होता है, तथा उनसे युक्त दुष्ट हेतुओं के निम्न नाम क्या हैं

1 सव्यभिचार व्याप्तिज्ञान विरुद्ध (अनैकांतिक)

2 विरुद्ध व्याप्तिज्ञान विरुद्ध

3 सत्प्रतिपक्ष अनुमिति सत्यप्रतिपक्षित (प्रकरणसम)

4 असिद्धि प्राय: अनुमिति व्याप्ति असिद्ध ज्ञान, पक्षधर्मताज्ञान
5 बाध अनुमिति बाधित (कालातीत)

अनुमिति के कारण:

1. लिंग – हेतु का त्रिविध परामर्श अनुमिति का कारण होता है।

    "पक्ष हेतु के संबंध का ज्ञान" प्रथम लिंग परामर्श कहा जाता है- जैसे पर्वत में धूम के संबंध का "पर्वतो धूमवान्" इस प्रकार का ज्ञान।

    "हेतु में साध्य की व्याप्ति का ज्ञान" द्वितीय लिंग परामर्श कहा जाता है – जैसे धूम में, वह्निव्याप्ति का "धूमो वह्नि व्याप्य:" इस प्रकार का ज्ञान।

    "पक्ष में साध्यव्याप्य हेतु के संबंध का ज्ञान" तृतीय या चरम लिंग परामर्श कहा जाता है – जैसे पर्वत में वह्निव्याप्य धूम के संबंध का "पर्वतो वह्निव्याप्य धूमवान्" इस प्रकार का ज्ञान।

2. पक्षता – "पक्षता" भी अनुमिति का एक कारण है। पक्ष में साध्य का निश्चय रहने की दशा में अनुमिति की उत्पत्ति को रोकने के लिए इसे अनुमिति का कारण माना जाता है। चिर प्राचीन नैयायिकों ने "साध्यसंशय" को, उदयनाचार्य ने "अनुमिति विषयक इच्छा" को, पक्षधर मिश्र ने अनुमितिजनक इच्छा के रूप में "अनुमाता की अनुमिति – इच्छा" को तथा उसके अभाव में "ईश्वर की इच्छा" को और गंगेशोपाध्याय ने "सिषाधयिषाविरहविशिष्टसिद्ध्यभाव" को "पक्षता" माना है। गंगेशोपाध्याय का मंतव्य यह है कि जब पक्ष में साध्य सिद्धि होती है और उस साध्य को अनुमान से जानने की इच्छा नहीं होती, उसी समय अनुमिति की उत्पत्ति नहीं होती है; किंतु साध्य को अनुमान से जानने की इच्छा होने पर पक्ष में साध्यनिश्चय की दशा में भी अनुमिति की उत्पत्ति होती है। उसके लिए साध्यसंशय या अनुमितता की नियत अपेक्षा नहीं होती।

3. प्रतिबंध का भाव – यह भी अनुमिति का कारण है। इसे निम्नलिखित तालिका के अनुसार चार रूप में विभक्त किया जा सकता है।

   1. आश्रयासिद्धि पक्ष में पक्षतावच्छेदक का अभाव; जैसे- आकाशपुष्प को पक्ष बनाने पर पुरुपरूप पक्ष में आकाशीयत्व रूप पक्षतावच्छेदक का अभाव।

   2. साध्याप्रसिद्धि साध्य में साध्यतावच्छेदक का अभाव; जैसे- आकाशपुष्प को साध्य बनाने पर पुष्प रूपसाध्य में आकाशीयत्व रूप साध्यताकच्छेदक का अभाव।

   3. सत्प्रतिपक्ष पक्ष में साध्याभावव्याप्य हेतु का संबंध; जैसे-शब्द में नित्यत्व रूप साध्य के अभाव अनित्य के व्याप्य "जन्यत्व" का संबंध।

   4. बाध पक्ष में साध्य का अभाव जैसे-शब्द रूप पक्ष में नित्यत्व रूप साध्य का अभाव।

इन चारों निश्चयों से अनुमिति का प्रतिबंध होता है; अत: इन चारों निश्चयों का अभाव "प्रतिबंधकाभाव" के रूप में अनुमिति का कारण होता है।

4. व्याप्ति – व्याप्ति ज्ञान को द्वितीय लिंगपरामर्श के रूप में अनुमिति का कारण कहा गया है। इस व्याप्ति के निर्वचन में नैयायिकों ने बड़ा पुरुषार्थ प्रदर्शित किया है; क्योंक यही अनुमान के प्रमाणत्व की आधारशिला है। व्याप्ति मुख्य रूप से दो प्रकार की मानी गई है – "अन्वयव्याप्ति" और "व्यतिरेकव्याप्ति"। जिस व्याप्ति के शरीर में – साध्य में हेतु व्यापकत्व – प्रवेश हो उसे सिद्धांतभत अन्वयव्याप्ति कहा जाता है – जैसे "हेतुव्यापकसाध्यसामानाधिकरण्य"। और जिस व्याप्ति के शरीर में – हेत्वभाव में साध्याभावव्यापकत्व- का प्रवेश हो उसे "व्यतिरेकव्याप्ति" कहा जाता हैं – साध्याभावव्यापकाभाव प्रतियोगित्व"। अन्वयव्याप्ति का तात्पर्य यह है कि हेतु का ऐसे साध्य के आश्रय में रहना, जिसका हेतु के किसी आश्रय में अभाव न हो। और व्यतिरेकव्याप्ति का तात्पर्य यह है कि साध्याभाव के आश्रयों में हेत्वभाव का होना। जैसे – धूमकेतु किसी आश्रय में वह्नि का अभाव न होने से वह्नि धूम का व्यापक है और उस वह्नि के आश्रय महानस

आदि में धूम रहता है; इसी प्रकार वह्न्यभाव के आश्रयों में धूम का अभाव रहता है; इसलिए धूम में वह्नि की "अन्वय" और "व्यतिरेक" दोनों व्याप्तियाँ रहती हैं।

व्याप्तिज्ञान के उपाय – व्याप्तिज्ञान के तीन साधक माने जाते हैं- "व्यभिचार का अज्ञान," "हेतु में साध्यसहचार या साध्याभाव में हेत्वभावसहचार" का ज्ञान और "तर्क"। इनमें प्रथम दो व्याप्तिज्ञान के सार्वत्रिक साधन हैं; पर तर्क सर्वत्र नहीं कचित् ही अपेक्षित होता है। जैसा कि विश्वनाथ ने अपने भाषा परिच्छेद (कारिकावली) नामक ग्रंथ के गुण प्रकरण में कहा है :

व्यभिचारस्याग्रहोऽथ सहचाराग्रहस्तथा।
हेतुव्याप्तिग्रहे तर्क: कचिच्छंकानिवर्तक:॥ 137॥

तर्क – गौतम ने तर्क का लक्षण कहा है :

अविज्ञाततत्त्वेऽर्थे कारणोपपत्तितस्तत्त्वज्ञानार्थमूहस्तर्क: (न्या. द. 1.1.42)

(जिस अर्थ का तत्व निर्णीत न हो उसके तत्त्वज्ञान के लिए युक्ति पूर्वक किए जानेवाले "ऊह" ज्ञान का नाम है "तर्क")।

परवर्ती नव्य नैयायिकों ने तर्क का लक्षण इस प्रकार किया है : "व्याप्य के आहार्य आरोप से व्यापक का जो आहार्य आरोप होता है" वह "तर्क" है। इस तर्क का विपरीत अनुमान में अर्थात् व्यापक उ आपाद्य के अभाव से व्याप्य उ आपादक के अभाव के अनुमान में पर्यवसत्र होना इसकी शुद्धता का निकष माना जाता है। जब कभी हेतु में साध्य व्यभिचार की शंका होने से व्याप्तिज्ञान का प्रतिबंध होने लगता है, उस शंका को तर्क द्वारा निरस्त कर व्याप्तिज्ञान का पथ प्रशस्त कर दिया जाता है। जैसे-पाकगृहगत धूम में पागृहगत वह्नि के सहचार का ज्ञान होने पर भी जब पर्वतीय धूम में वह्निव्यभिचार की शंका होती है, उसे दूर करने के लिए "तर्क" का सहारा लिया जाता है। जैसे – "किसी भी धूम में यदि वह्नि का व्यभिचार होगा तो वह्नि धूम का कारण न हो सकेगा और यह संभव नहीं है कि वह्नि को धूम का कारण न माना जाए; क्योंकि उस दशा में धूम के संपादनार्थ वह्नि के ग्रहण में मनुष्य की नियत प्रवृत्ति

का लोप हो जाएगा"। इस तर्क के फलस्वरूप यह निष्कर्ष निकलता है कि "धूम वहि से उत्पन्न होता है अत: उसमें वहिव्यभिचार का अभाव है" और इस निष्कर्ष के निष्पन्न होते ही पर्वतीय धूम में वहिव्यभिचार की शंका निवृत्त हो जाने से धूम में वहिव्याप्ति का ज्ञान निर्बाध रूप से संपन्न हो जाता है।

उपर्युक्त तर्कलक्षक सूत्र की विश्वनाथवृत्ति में तर्क के आत्माश्रय, अन्योन्याश्रय, चक्रक, अनवस्था और इन चारों से पृथक् बाधितार्थप्रसंग, ये पाँच भेद बतला कर प्रत्येक का उदाहरण प्रदर्शित किया गया है।

उपाधि – जो पदार्थ के सब आश्रयों में रहता हो पर हेतु के सब आश्रयों में न रहता हो, "उपाधि" कहा जाता है। उपाधि के तीन भेद होते हैं – शुद्ध साध्य का व्यापक, पक्षधर्मसहित साध्य का व्यापक तथा साधनयुक्त साध्य का व्यापक।

शुद्धसाध्य व्यापक उपाधि – जब वहि से धूम का अनुमान किया जाता है, तब "आद्र्र ईंधन" उ गीली लकड़ी शुद्ध साध्य का व्यापक उपाधि होता है, क्योंकि आद्र्रं ईंधन धूम रूप साध्य के सभी आश्रयों में रहता है पर अग्नितप्त लोहगोलक में न रहने के कारण वहि रूप साधन के सब आश्रयों में नहीं रहता।

पक्षधर्मसहित साध्य की व्यापक उपाधि – जब वायु में प्रत्यक्ष स्पर्श रूप हेतु से प्रत्यक्षत्व का अनुमान किया जाता है तब "उद्भूत रूप" पक्षधर्मसहित साध्य का व्यापक उपाधि होता है, क्योंकि वायुस्वरूप पक्ष के वहिद्रव्यत्व रूप धर्म के साथ प्रत्यक्षत्व जिन प्रत्यक्षबाह्यद्रव्य रूप आश्रयों में रहता है उन सभी में उद्भूत रूप रहता है, पर वायु में न रहने के कारण प्रत्यक्ष स्पर्श के सब आश्रयों में नहीं रहता।

साधनयुक्त साध्य की व्यापक उपाधि – जब ध्वंस में "जन्यत्व" हेतु से "विनाशित्व" का अनुमान किया जाता है तब "भावत्व" साधन युक्त साध्य की उपाधि होता है, क्योंकि जन्यत्व के साथ विनाशित्व जिन जन्य विनाशी पदार्थों में रहता है उन सभी में भावत्व रहता है, पर ध्वंस में न रहने के कारण जन्यत्व के सब आश्रयों में नहीं रहता।

उपाधि का ज्ञान व्याप्तिज्ञान का सीधा विरोधी नहीं होता है। अर्थात् हेतु में साध्य व्यापक उपाधि के व्यभिचार से उसमें साध्य व्यभिचार का अनुभव होता है और साध्य के उस आनुमानिक व्यभिचारज्ञान से व्याप्तिज्ञान का साक्षात् प्रतिबंध होता है।

1.3 उपमान

एक पदार्थ में अन्य पदार्थ के सादृश्यज्ञान को "उपमान" प्रमाण कहा जाता है। इससे अर्थविशेष में शब्द विशेष के शक्ति संबंध का ज्ञान होता है। उसकी प्रक्रिया इस प्रकार है।

जब कोई अरण्यवासी मनुष्य किसी ग्रामवासी मनुष्य को बताता है कि अरण्य में तुम्हारी गौ के सदृश गवय नाम का एक पशु होता है, जब तुम अरण्य में कभी जाना तो जिस पशु को अपनी गौ के सदृश देखना उसे गवय समझ लेना, तदनुसार जब ग्रामवासी कभी अरण्य जाता है और वहाँ अपनी गौ के सदृश किसी पशु को देखता है उसे अरण्यवासी की बात का स्मरण होता है और उसे फलस्वरूप उस पशु में उसे गवय शब्द के शक्तिसंबंध का निश्चय हो जाता है। इस प्रकार गवय में गोसादृश्य का दर्शन उपमानक्रमण, अरण्यवासी के द्वारा उपदिष्ट अर्थ का स्मरण उसका व्यापार तथा गवय में गवय शब्द की शक्ति का निश्चय उपमिति नामक फल कहा जाता है। उदयनाचार्य ने यही बात अग्रिम कारिका में कही है।

संबंधस्य परिच्छेद: संज्ञाया: संज्ञिना सह।

प्रत्यक्षादेरसाध्यत्वादुपमानफलं विदु:॥ (न्या. कु. 3 स्त. 10 का)

विश्वनाथ न्यायपंचानन की अग्रिम कारिकाओं में यह विषय और भी विशद है :

ग्रामीणस्य प्रथमत: पश्यतो गवयादिकम्।

सादृश्यधीर्गवादीनां या स्यात् सा करणं स्मृतम्॥ 79॥

वाक्यार्थस्यातिदेशस्य स्मृतिर्व्यापार उच्यते।

गवयादिपदाना तु शक्तिधीरुपमा फलमा॥ 80॥ (भाषा परिच्छेद)

शब्द – आप्तप्रमाण

जिसमें पदार्थ के शक्ति या लक्षण संबंध के ज्ञान से पदार्थ का स्मरण होता है।

------- पाताञ्जलियोगप्रदीप व्याख्या----

महर्षि अक्षपाद गोतम के न्याय दर्शन का उल्लेख पाताञ्जलियोगप्रदीप में भी किया गया है।

प्रमाणों से अर्थ का परीक्षण (अर्थात् विभिन्न प्रमाणों की सहायता से वस्तु तत्व की परीक्षा) ही न्याय है।

प्रत्यक्ष और आगम के आश्रित अनुमान है। अनुमान में परीक्षा करके अर्थ की सिद्धि की जाती है। परीक्षा प्रत्यक्ष, उपमान व शब्द प्रमाणों से होती है। **पर्वत में अग्नि है यह कहना शब्द प्रमाण है। रसोई में अग्नि का दृष्टिगोचर होना प्रत्यक्ष प्रमाण है और धुंए को देखकर अग्नि का अनुमान लगाना उपमान और आगम प्रमाण है। इस प्रकार समस्त प्रमाणों के आधार पर परीक्षण कर किसी निश्चय पर पहुँचने को ही न्याय कहते हैं।**

न्याय दर्शन पांच अध्यायों में विभक्त है। प्रत्येक अध्याय के दो आह्निक हैं। इनमें षोडश पदार्थों के उद्देश्य तथा लक्षणों के परीक्षण सूत्र रूप में कहे गए हैं।

प्रमाणप्रमेयसंशयप्रयोजनदृष्टान्तसिद्धान्ताऽवयवतर्कनिर्णयवादजल्पवितण्डा हेत्वाभासछलजातिनिग्रहस्थानानां तत्वज्ञानान्निःश्रेयसाधिगमः। (न्याय०१।१)

अर्थात्

प्रमाण,प्रमेय,संशय,प्रयोजन,दृष्टान्त,सिद्धान्त,अवयव,तर्क,निर्णय,वाद, जल्प,वितण्डा, हेत्वाभास,छल,जाति और निग्रहस्थान इनके तत्व ज्ञान ये मोक्ष की प्राप्ति होती है।इनमे से प्रमेय के तत्वज्ञान से मोक्ष मिलती है और प्रमाण आदि पदार्थ उस तत्वज्ञान के साधन है।यथार्थ ज्ञान का साधन प्रमाण है,जानने वाला प्रमाता,ज्ञान प्रमिति और जिस वस्तु को जानना है वह प्रमेय कहलाती है।

1. प्रत्यक्ष प्रमाण : इन्द्रियों और अर्थ के संबंध से उत्पन्न हुआ जो अशब्द(नाम मात्र भी न कहा हुआ), अव्यभिचारी(अपरिवर्तनीय)और निश्चयात्मक हो वह प्रत्यक्ष प्रमाण है।

प्रत्यक्ष प्रमाण के भी दो भेद हैं:

1- निर्विकल्प - जिसमें संबंध की प्रतीती नहीं होती हो। जैसे गौ को देखकर यह गौ है यह ज्ञान पहले पहल नहीं होता बल्कि कोई हमें पहले से हमें उसका स्वरूप बता चुका होता है।

2- सविकल्प- अर्थात् जिसमें संबंध की प्रतीती होती हो।यह कहने सुनने में आता है तथा संबंध को प्रकट करने वाला है।

2. अनुमान प्रमाण : साधन- साध्य,लिङ्ग-लिङ्गी अथवा कार्य- कारण के संबंध से जो ज्ञान उत्पन्न हो उसे अनुमान कहते हैं।जो सामान्य रुप से देखा व समझा गया हो। सामान्यतः हर क्रिया का कोई करण होता है जिसे हम इन्द्रिय कह सकते हैं। इन्द्रियों तक जो सामान्यतः क्रिया की परिकल्पना पहुंचती है उसे सामान्यतोदृष्ट अनुमान कहते हैं जैसे हम किसी बालक को विद्यालय की ओर जाता देखें तो यह अनुमान ही लगाएंगे कि वह पढ़ाई करने जा रहा है परन्तु वह किसी अन्य उद्देश्य से भी वहां जा तो सकता ही है।

3. उपमान प्रमाण --प्रसिद्ध -साद्दश्य अर्थात् जिसे सब जानते हैं उसका जैसा अर्थात जब हम किसी की उपमा देकर किसी साद्दश्य को समझाना चाहें उसे उपमान कहते हैं।जैसे गाय को प्रत्येक गांव का बच्चा जानता है। परन्तु गवय अर्थात् नील गाय जो प्रायः जंगलों में मिलती है उसे बताने के लिए हम कहें गाय जैसा पशु जो प्रायः जंगल में मिलता है उसे गवय कहते हैं।तो गांव का आदमी उस उपमा के अनुसार जंगल में गवय की पहचान कर पायेगा।संज्ञा का कोई लिङ्ग नहीं होता।हम यह भी कह सकते हैं कि संज्ञा-संज्ञी के सम्बन्ध का नाम उपमान है।

1.4 आगम प्रमाणः- आप्त उपदेश को शब्द प्रमाण कहते हैं।

अर्थ के साक्षात् करने वाले और यथादृष्ट का उपदेश करने वाले का नाम आप्त है। शब्द प्रमाण भी दो प्रकार के होते हैं। एक दृष्ट -अर्थ और दूसरा अदृष्ट- अर्थ।ये दोनों नाम के अनुसार जो साक्षात् दिखाई दे वह दृष्ट व जो साक्षात् दिखाई न दें पर शास्त्र आदि में जिसका उल्लेख होने के कारण हम जिसे माने जैसे स्वर्गादि ये अदृष्ट -अर्थ आगम प्रमाण है। संक्षिप्त में हम कह सकते हैं कि लौकिक वाक्य दृष्टार्थ प्रमाण है व वैदिक या आध्यात्मिक वाक्य अदृष्टार्थ प्रमाण है।

प्रमेय:

न्याय दर्शन में उल्लिखित 16 पदार्थों में प्रमाण के बाद प्रमेय का नाम आता है। प्रमेय के द्वादश प्रकार हैं जो निम्न हैं:-

1. आत्मा – इसकी पहचान (लिङ्ग) है जो इच्छा, द्वेष,सुख,दुःख, ज्ञान और प्रयत्न द्वारा भोग भोगता है।

2. शरीर :-जो चेष्टा, इन्द्रियों और अर्थों का आश्रय,और भोग का स्थान है ।

3. इन्द्रियां- घ्राण,रसना,चक्षु,त्वचा और श्रोत- जिनके उपादान कारण क्रमशः पृथ्वी,जल,अग्नि,वायु,और आकाश है।ये भोग के कारण या साधन कहलाते हैं।

4. **अर्थ**गंध रस, रुप, स्पर्श और शब्द। ये सब पंच भूतों के यथायोग्य गुण है और पांचो इन्द्रियों द्वारा यथाक्रम भोगने योग्य विषय है ।

5. बुद्धि, ज्ञान, उपलब्धि:- ये तीनो पर्याय है जो अर्थों के भोग व अनुभव से प्राप्त उपलब्धि की बुद्धिमत्ता है।

6. मनः- यह सारी इन्द्रियों का सहायक और सुख दुःख आदि का अनुभव कराने वाला होता है।

7. प्रवृत्ति:- मन वाणी और शरीर से कार्य का आरम्भ होना प्रवृत्ति है।

8. दोष:- राग द्वेष और मोह तीन दोष है और मन को प्रवृत्त करना इनका लक्षण है ।

9. प्रेतभावः- जीव (सूक्ष्म शरीर)का पुनर्जन्म धारण करना प्रेतभाव है।

10. फलः- प्रवृत्ति और दोष से जो अर्थ उत्पन्न होता है उसे फल कहते हैं।जो मुख्य और गौण दो प्रकार के होते हैं।सुख दुःख का अनुभव मुख्य फल है और सुख दुःख के माध्यम शरीर ,इन्द्रियां और विषय गौण फल है।राग व द्वेष का कारण मोह है। प्रवृत्ति फल की उत्पादक है।

11. दुःखः- दुःख का लक्षण पीड़ा है सुख की अनुभूति बिना दुःख के नहीं हो सकती अतः यह दोनो पूरक व अपरिहार्य है।

12. अपवर्गः- दुःख की पूर्ण निवृत्ति ही अपवर्ग है।

संशय: समान धर्म की प्रतीति से,भिन्न धर्म की प्रतीति से,विप्रतिपत्ति(परस्पर विरोधी पदार्थों के सहभाव) से, उपलब्धि की अव्यवस्थाओं सेऔर अनुपलब्धि की अव्यवस्था से विशेष की आकांक्षा वाला विचार ही संशय है।संशय का साधारण लक्षण एकधर्मी में विपरीत धर्मों का ज्ञान माना जा सकता है।

प्रयोजन: चौथा पदार्थ है प्रयोजन जिसका तात्पर्य है वह अर्थ या कामना जिसे लक्षित कर किसी विषय विशेष में प्रवृति का हो जाना है।

दृष्टांत:- लौकिक और परीक्षकों की बुद्धि की जिस अर्थ में समानता अथवा समता हो वह दृष्टांत कहलाता है।दृष्टांत के विरोध से पर पक्ष का खंडन किया जाता है और दृष्टांत के समाधान से ही स्वपक्ष की पुष्टि होती है।

सिद्धान्त:- शास्त्रों के आधार पर अर्थों के मानने की व्यवस्था सिद्धान्त है। सिद्धान्त 4 प्रकार के होते हैं।

(क). सर्वत्र सिद्धान्त:- अर्थात् समस्त शास्त्रों ने जिसे मान लिया हो। किसी भी शास्त्र ने जिसका विरोध नहीं किया हो।

(ख).प्रतितंत्र सिद्धान्त:- अलग अलग शास्त्र का अलग सिद्धान्त।

(ग).अधिकरण सिद्धान्त:- जिसकी सिद्धि दूसरे अर्थों की सिद्धि पर निर्भर करती हो।

(घ). अभ्युपगम सिद्धांत:- वादी की मानी हुई बात को ही मानकर उस पर विचार करना।

अवयव:- अवयव पांच प्रकार के होते हैं। प्रतिज्ञा,हेतु,उदाहरण,उपनय और निगमन। जैसे "घट" अनित्य है, यह प्रतिज्ञा है; परन्तु उत्पत्ति वाला होने से यह 'हेतु' है। "उत्पत्ति -धर्म वाले घट आदि द्रव्य अनित्य जाने जाते हैं" यह एक उदाहरण है। यदि हम यह कहें कि घट भी उत्पत्ति धर्म वाला है इसको उपनय कहते हैं। "उत्पत्ति -धर्म वाला होने से घट अनित्य सिद्ध हुआ" इसको निगमन या उपसंहार कहते हैं।

प्रमाणों में जो अनुमान कहा गया वह भी दो प्रकार का होता है।स्वार्थानुमान औरपरार्थ अनुमान। कर्ता जब अपने ज्ञान को दूसरों को निश्चय कराना चाहता है तब वह उसकी सिद्धि के लिए वह अपने मुख से उसे जो वाक्य कहना पड़ता है उसके उक्त पांच अवयव होते हैं यही स्वार्थानुमान है। परन्तु जब वह किसी अन्य के लिए यह करता है तो वह परार्थानुमान कहलाता है।

तर्क:- तत्व को जानने के लिए कारण के सम्बन्ध से जो युक्तियुक्त चर्चा है उसे तर्क कहा जाता है।

निर्णय:- संशय का पक्ष -प्रतिपक्ष द्वारा अर्थ की अवधारणा का निश्चय करना निर्णय है।

वाद:- पर व प्रतिपक्ष द्वारा अंगीकृत अलग अलग आधार जिसमें प्रमाणों और तर्क से साधन और प्रतिषेध जो सिद्धांत से विरुद्ध न हो और पांचों अवयवो (प्रतिज्ञा, हेतु, उदाहरण, उपनय और निगमन) से युक्त हो,वह वाद कहलाता है।

जल्प:- जो वाद के विशेषण से युक्त हो, किन्तु जिसमें छल,जाति और निग्रहस्थानों से भी साधन और प्रतिषेध हो वह जल्प है।

वितण्डा:- प्रतिपक्ष स्थापना के हेतु से किया गया जल्प वितण्डा कहलाता है ।

किसी अर्थ या हेतु के निर्णय के लिए वादी प्रतिवादी की बात का नाम कथा या कहानी है यह तीन प्रकार की होती है।तत्व निर्णय के लिए वाद होता है, दुसरे को परास्त करने के लिए या सिद्धांत की रक्षा के लिए जल्प होता है और जहां विजिगीषु (जीतनें की इच्छा वाला) छल-जाति आदि का भी प्रयोग करता है और अपने पक्ष-स्थापन से हीन होकर केवल दुसरे के पक्ष पर प्रमाण,तर्क,छल,जाति आदि सब प्रकार से आक्षेप करता है वह वितण्डा कहलाता है।

जिसे हम आज की भाषा में बतंगड़ भी कह सकते हैं।

हेत्वाभास – जिनका आभास हेतुवत् हो भले ही उनमें हेतु के कोई लक्षण न हो। ये पांच प्रकार के होते हैं –

(क) सव्यभिचार हेत्वाभास:- जो केवल साध्य में ही नियत न हो अर्थात् जो अव्यवस्था में भी हो। जैसे कहा जाए कि शब्द नित्य है क्योंकि वह स्पर्श से परे है। स्पर्श वाला घट अनित्य अर्थात नाशवान है। किन्तु यदि यह कहा जाए कि परमाणु स्पर्शवान् है अतः वह अनित्य है पर ऐसा नहीं होकर वह नित्य है।इसी प्रकार बुद्धि स्पर्श वाली नहीं है परन्तु वह तो अनित्य है।इस कारण दोनो दृष्टांतों में व्यभिचार आने से स्पर्शत्व न होना हेतु सव्यभिचार हुआ।

(ख) विरुद्ध हेत्वाभास:- सिद्धान्त को अंगीकार करके उसी का जो विरोधी हेतु है वह विरुद्ध हेतु है।जैसे शब्द नित्य है, क्योंकि कार्य है।पर कार्य होना स्वयं नित्यता का विरोधी है, न कि साधक।

(ग). प्रकरणसम हेत्वाभास:-विचार के आश्रय अनिश्चित पक्ष और प्रतिपक्ष को प्रकरण कहते हैं। उस विषय या विचार की चिंता संशय से लेकर निर्णय तक जिस कारण की गई है वही यदि निर्णय के लिए काम में लाया जाए तो दोनों पक्षों की समता से प्रकरण से आगे नहीं बढता इसलिए वह प्रकरणसम हेत्वाभास हुआ। हम कह सकते हैं कि एक ही हेतु के लिए जब तक दो विचार रहेंगें वह प्रकरण समाप्त नहीं होगा अतः वह प्रकरण सम हेत्वाभास हुआ।

(घ) साध्यसम हेत्वाभास:- स्वयं साधनीय होने के कारण जो साध्य से कोई विशेषता नहीं रखता वह साध्यसम है। किसी पदार्थ या हेतु की दो अलग अलग विशेषताएं होने पर भी यदि दोनो के हेतु साध्य से विशेष न होकर समानता रखते हो तो वह साध्यसम हेत्वाभास कहा जाता है।

(ङ) कालातीत हेत्वाभास:- जिस अर्थ का वर्णन समय चूकने या निकल जाने के पश्चात् किया जाता है वह कालातीत कहलाता है। हेतु का काल वह है जब अर्थ संदिग्ध हो, किन्तु जब अर्थ किसी प्रबल प्रमाण से निश्चित हो,तो वहां हेतु उसे उलट कर कुछ सिद्ध नहीं कर सकती। यदि कहा जाए कि अग्नि उष्ण नहीं है या आग ठंडी हो गई तो यह अग्नि के कालातीत होने का आभास कराता है।यही कालातीत हेत्वाभास हुआ।

छल:- अर्थ को बदल कर वादी के वचन का विघात करना छल है। दूसरे शब्दों में वादी के कहने के अभिप्राय को उससे विरुद्ध अभिप्राय लेकर उस पर आक्षेप करना छल है। छल तीन प्रकार का होता है:-

(क).वाक्छल:- साधारण रुप से कहे गए वक्ता के अभिप्राय के विरुद्ध अन्य अर्थ को जानबूझकर प्रकट करना वाक्छल कहलाता है। जैसे नव का अर्थ नया भी है और नौ भी।और इनका अन्तर केवल इनका हेतु जानकर ही किया जा सकता है।

(ख). सामान्य छल:- जो बात बन सकती है उसके सामने अति समानता को लेकर एक बात की कल्पना प्रस्तुत कर भटका देना सामान्य छल है।जैसे यह कहा जाए कि वह विनीत है तो दूसरा यह भी कल्पना कर सकता है कि विनीत है तो विद्यायुक्त भी होगा क्योंकि कहा गया है विद्या ददाति विनयम्।

(ग). उपचार छल:- धर्म (वृत्ति) के अमुख्य प्रयोग में मुख्य अर्थ से प्रतिषेध उपचार छल है। मुख्य वृत्ति को "शक्ति" कहते हैं। जैसे कोई कहे मंच पर शोर है। पर मंच की शक्ति तो वक्ता को एक सम्बल देने भर की है वह तो शोर नहीं

कर सकता।शोर तो वहां उपस्थित वक्ता ही कर सकता है।इसे प्रकार बात के मूल के अनुरूप न कहना उपचार छल कहलाता है।

जातिः- साधर्म्य और वैधर्म्य से प्रतिषेध (खण्डन) करने को जाति कहते हैं। असत् उत्तर जाति है।जब कोई सच्चा उत्तर न सूझे तो साधर्म्य वैधर्म्य को लेकर ही जो समय टाला जाता है वह जात्युत्तर होता है।जाति के चौबीस भेद होते हैं।...

जाति :- न्याय सूत्र के अनुसार 24 जातियों का वर्णन निम्नानुसार है।

सूत्र:
साधर्म्यवैधर्म्योत्कर्षोपकर्षवर्ण्यावर्ण्यविकल्पसाध्यप्राप्त्यप्राप्तिप्रसङ्गप्रतिदृष्टान्तानुत्प त्ति संशय प्रकरणहेत्वर्थापत्त्यविशेषोपपत्त्युपलब्ध्यनुपलब्धिनित्यानित्यकार्यसमाः।

अर्थ- जाति 24 निम्नांकित हैं। 1.साधर्म्यसम 2.वैधर्म्यसम 3.उत्कर्षसम 4.अपकर्षसम 5.वर्ण्यसम 6.अवर्ण्यसम 7.विकल्पसम 8.साध्यसम 9.प्राप्तिसम 10.अप्राप्तिसम 11.प्रसंगसम 12.प्रकिदृष्टान्तसम 13.अनुत्पत्तिसम 14.संशयसम 15.प्रकरणसम 16.हेतुसम 17.अर्थापत्तिसम 18.अविशेषसम 19.उपपत्तिसम 20.उपलब्धिसम 21.अनुपलब्धिसम 22.नित्यसम 23.अनित्यसम 24.कार्यसम

निग्रहस्थानः- अर्थात् हार का स्थान विप्रतिपत्ति अर्थात् उल्टा समझना या अप्रतिपत्ति अर्थात् प्रकरण के अज्ञान को निग्रह स्थान कहते हैं क्योंकि इन दोनों ही के कारण पराजय होती है।

दूसरे शब्दों में प्रतिपत्ति का अर्थ प्रवृत्ति है विपरीत या निन्दित प्रवृत्ति को विप्रतिपत्ति कहते हैं और दूसरे सिद्ध किए पक्ष का खण्डन न करना अथवा अपने पक्ष पर आरोपित दोषों का समाधान न करना अप्रतिपत्ति कहलाता है निग्रहस्थानों की संख्या 22 हैः-

सूत्र 1

सूत्रः- प्रतिज्ञाहानिः प्रतिज्ञान्तरं प्रतिज्ञाविरोधः प्रतिज्ञासन्यासाहेत्वन्तरमर्थान्तरं निरर्थकप्रविज्ञातार्थमपार्थकमप्राप्तकालं न्यूनमधिकपुनरूक्तमननुभाषणमज्ञानमप्रतिभाविक्षेपो मतानुज्ञापर्यनुयोज्योपेक्षणनिरनुयोज्यानुयोगो ऽपसिद्धान्तो हेत्वाभासाश्च निग्रहस्थानानि ।।1।।

अर्थ- निग्रह स्थान के रूप में ये 22 निग्रह स्थान बताये गये हैं।
1.प्रतिज्ञा हानि, 2.प्रतिज्ञान्तर, 3.प्रतिज्ञा-विरोध, 4.प्रतिज्ञासन्यास, 5.हेत्वान्तर, 6.अर्थान्तर, 7.निरर्थक, .8.अविज्ञातार्थ, 9.अपार्थक, 10.अप्राप्त- काल, 11.न्यून, 12.अधिक, 13.पुनरूक्त,14.अननुभाषण, 15.अज्ञान, 16.अप्रतिभा, 17.विक्षेप,

18.मतानुज्ञा, 19.पर्यनुयोज्योपेक्षण, 20.निरनुयोज्यानुयोग, 21अप-सिद्धान्त, और 22. हेत्वाभास

यह संक्षेप में न्याय दर्शन के सभी प्रमुख विषयों का वर्णन है। विस्तार से जानने हेतु न्याय दर्शन शास्त्र के सूत्र का वात्स्यायन भाष्य व उसके हिन्दी अथवा अंग्रेजी या अन्य भाषा का अनुवाद पढकर समझा जा सकता है:-

।।महर्षि अक्षपाद गोतम प्रणीत न्याय दर्शन पांच अध्याय मय आह्निक ।।

दर्शन प्रथम अध्याय

आह्निक 1

सूत्र 1:

प्रमाणप्रमेयसंशयप्रयोजनदृष्टांत सिद्धान्त
तर्कनिर्णयवादजल्पवितण्डाहेत्वाभासच्छलजातिनिग्रहस्थानानां
तत्वज्ञानात्रिःश्रेयसाधिगमः।।1।।

न्याय सुक्त 1 मे प्रमाण आदि16 पदार्थों का वर्णन है, जो निम्न है-

1-प्रमाण 2-प्रमेय 3-सँशय 4-प्रयोजन 5-दृष्टान्त 6-सिद्धान्त 7-अवयव 8-तर्क 9-निर्णय 10-वाद 11-जल्प 12-वितण्डा 13-हेत्वाभाष 14-छल 15-जाति 16-निग्रह स्थान

जिसके द्वारा यथार्थ ज्ञान हो उसे प्रमाण कहते हैं।

जो प्रमाण से जाना जाता है उसे प्रमेय कहते हैं।

वस्तु को यथार्थ या वास्तविक रूप में जानने को तत्व ज्ञान के नाम से जाना जाता है।

इस शास्त्र के 4 प्रतिपादित विषय हैं।1.हेय अर्थात् दुःख 2.हेय हेतु अर्थात् दुःख का कारण 3.हानि अर्थात् नाश और 4. हन्योपाय अर्थात् हानि से मुक्ति का उपाय

इन पदार्थों के तत्व ग्यान से मोक्ष होती है।

उक्त 16 पदार्थों में प्रमाण और तत्व ज्ञान को छोड़कर संशय आदि इन्हीं चार प्रतिपाद्यों में निहित है।

प्राणियों के हित के लिए 4 प्रकार की विद्याओं का उपदेश किया गया है जिसमें चौथी विद्या का नाम न्याय विद्या।

न्याय संशय प्रवृत्ति का ही हेतु है।

प्रयोजन के बिना कोई भी प्राणी किसी भी कार्य में प्रवृत्त नहीं होता।

प्रमाणों से विषय या वस्तु की परीक्षा ही न्याय कहलाता है।

प्रत्यक्ष और भेद के आश्रित अनुमान को ही अन्वीक्षा कहते हैं।

 जो अनुमान प्रत्यक्ष और आगम के विरूद्ध हो उसे न्यायाभाव कहते हैं।

संशय और प्रयोजन की भिन्नता के कारण की ही भांति शेष दृष्टांत, सिद्धांत,अवयव, तर्क, निर्णय,वाद, अल्प,वितण्डा, हेत्वाभास,छल,जाति निग्रह स्थान आदि विशेष विषय का अलग से वर्णन किया गया है।

प्र.अ.आ. 1 सूत्र 2 :

दुःखजन्मप्रवृत्तिमिथ्याज्ञानानामुत्तरोत्तरापाये तदन्तराभावादपवर्गः॥2॥

अर्थः दुख जन्म प्रवृति दोष मिथ्याज्ञान का उत्तरोत्तर अभाव मोक्ष या अपवर्ग है॥जन्म के अभाव से दुःखों का नाश होता हैऔर तत्वज्ञान से मिथ्याज्ञान का। दुःख के समूल या अत्यंत नाश का नाम ही "मौक्ष" है। मिथ्याज्ञान से जब हम अनात्मा को आत्मा ,दुःख के साधन को सुख का साधन माने,अरक्षक को रक्षक,सभय को निर्भय मानना मिथ्या ज्ञान होता है तथा इस मिथ्या ज्ञान के विषय में प्रवृत्त होने को "प्रवृत्ति दोष" कहते हैं। मिथ्या ज्ञान के विपरित ज्ञान को तत्वज्ञान कहते हैं।

न्याय दर्शन के अनुसार प्रवृत्ति तीन प्रकार की होती है।1.उद्देश्य 2.लक्षण 3.परीक्षा।

पदार्थों के नाम मात्र (उद्दिष्ट)कथन को उद्देश्य कहते हैं। उद्दिष्ट पदार्थ के विपरीतबोध के निवारण करने वाले धर्म को लक्षण कहते हैं।

उद्दिष्ट पदार्थ के बताए गए लक्षण ठीक है या नहीं इसके प्रमाण द्वारा निर्धारित कर धारण करने को "परीक्षा" कहते हैं।

प्र.अ.आ. 1 सूत्र 3

सूक्त:- प्रत्यक्षानुमानोपमानशब्दाः प्रमाणानि।।3।।

प्रत्यक्ष उसे कहते हैं जिसका इन्द्रियों के संयोग विशेष से ज्ञान होता है। इन्द्रिय का नाम अक्ष है। प्रत्यक्ष होने पर उसके प्रति समुचित व्यवहार की सोच बनती है।

प्रत्यक्ष के अवयव के सम्बन्ध को जानने को अनुमान कहते हैं।

प्रत्यक्ष के गुण धर्म को अन्य समान विषय के दृष्टांत से सिद्ध करने को उपमान कहते हैं।शब्द से जिसका ज्ञान होता है उसे 'शब्द प्रमाण" कहते हैं।

प्र.अ.आ. 1 सूत्र 4

इन्द्रियार्थसन्निकर्षोत्पन्नं   ज्ञानमव्यपदेश्यमव्यभिचारि   व्यवसायात्मकं प्रत्यक्षम्।।

अर्थ- इन्द्रियों के हेतु संयोग या सन्निकर्ष से उत्पन्न ज्ञान को प्रत्यक्ष करने वाली अनाम अनुभूति ही "अव्यपदेश्य" है। अर्थात् जिसका नाम न रख सकें वही प्रत्यक्ष का सही लक्षण है।पुनःवह प्रत्यक्ष अव्यभिचारी अर्थात् यथार्थ (पदार्थ जैसा है उसको उसी रूप में जानना यथार्थ या निर्विकल्प) कहाता है।अनिश्चय रूप ज्ञान को व्यवसायात्मक प्रत्यक्ष नहीं कहते।

प्र.अ.आ. 1 सूत्र 5

अथ तत्पूर्वकं त्रिविधमनुमानं। पूर्वच्छेषवत्सासामान्यतोदृष्टं च।। 5।।

अर्थ: - प्रत्यक्ष पूर्वक अनुमान तीन प्रकार का होता है। प्रथम -पूर्ववत द्वितीय-शेषवत् तृतीय – सामान्यत: दृष्ट उदाहरण 1-बादल देख वर्षा होने का अनुमान 2-बाढ देखकर कहीं पुर्व में वर्षा होने का अनुमान ३-यद्यपि सूर्य स्थिर है पर उसके गतिशील होने का अनुमान।

प्र.अ.आ. 1 सूत्र 6

प्रसिद्धसाधर्म्यात्साध्यसाधनमुपमानम्||

अर्थ-प्रसिद्ध पदार्थ के तुल्यता से साध्य के साधन को उपमान कहते हैं||
अर्थात् जो पदार्थ या बात सामान्यतः लोग जानते हैं व जिनकी साम्यता की
तुलना उनके गुण धर्म से करके उदाहरण दिया जाता है उसे उपमान कहते
हैं।

प्र.अ.आ. 1 सूत्र 7

सूक्त :- आप्तोपदेश: शब्द |

अर्थ- आप्त के उपदेश को 'शब्द' प्रमाण कहते हैं |

साक्षात्कार का नाम आप्ति है उससे जो प्रवृत होता है,उसे आप्त कहते हैं |
उस आप्त के बोध का माध्यम है वही शब्द है।

प्र.अ.आ. 1 सूत्र 8

सूत्र:- स द्विविधो दृष्टदृष्टार्थत्वात् ||

अर्थः- शब्द प्रमाण दो प्रकार का है एक जो दिखता है दुसरा जो अदृष्ट है
।अर्थात् एक जो लौकिक रूप में जाना जाता है,दूसरा जो अलौकिक या गूढ
हो|दृष्ट शब्द लिपि बद्ध होते हैं अदृष्ट शब्द ध्वनि या भाव जन्य होते हैं।

प्र.अ.आ. 1 सूत्र 9

सूक्त:-आत्मशरीरेन्द्रियार्थबुद्धिमनः   प्रवृतिदोषप्रेत्यभावफलदुःखापवर्गस्तु
प्रमेयम्||

अर्थः:आत्मा,शरीर,इन्द्रिय,अर्थ,बुद्धि,मन,प्रवत्ति,दोष,प्रेत्यभाव,फल,दुःख,अ
पवर्ग, ये 12 प्रमेय है|

प्र.अ.आ. 1 सूत्र 10

सूक्त:- इच्छाद्वेषप्रयत्नसुखदुःखज्ञानान्यात्मनो लिङ्गमिति ||

अर्थः इच्छा,द्वेष,प्रयत्न,सुख,दुःख ज्ञान आदि आत्मा के साधन को ही लिंग (चिन्ह) रूप में जाना जाता हैं।

प्र.अ.आ. 1 सूत्र 11

चेष्टेन्द्रियार्थाश्रयः शरीरम् ।।

अर्थः- चेष्टा(क्रिया),इन्द्रिय,और अर्थ का आश्रय (आधार) शरीर है।

किसी वस्तु को प्राप्त करने या त्यागने की इच्छा को चेष्टा कहते हैं।

ज्ञानेन्द्रियों व कर्मेन्द्रियों का आधार शरीर है जो सुख दुःख का भोक्ता है। जिसका हेतु या अर्थ से सीधा संबंध है।

प्र.अ.आ. 1 सूत्र 12

सूत्र:-घ्राणरसनचक्षुस्त्वक्श्रोत्राणीन्द्रियाणि भूतेभ्यः।। 12।।

अर्थः- घ्राण (नाक), रसन (जीभ), चक्षु (ऑंख),त्वचा (चमड़ी), और श्रोत्र (कर्ण) ये पाॅंचों ज्ञानेन्द्रियाॅं पञ्चभूत जनित हैं।।

प्र.अ.आ. 1 सूत्र 13

सूक्त:-पृथिव्यापस्तेजो वायुराकाशमिति भूतानी ।।

अर्थः- पृथ्वी, आपः(जल), तेज(अग्नि), वायु और आकाश इन पाॅंचों को पंचमहाभूत कहते हैं।।

प्र.अ.आ. 1 सूत्र 14

गन्धरसरूपस्पर्षशब्दाः पृथिव्यादिगुणास्तदर्थाः।।

अर्थ - गन्ध. रस,रूप,स्पर्श और शब्द ये पाॅंच पृथ्वी आदि पाॅंच भूतों के गुण है,और प्राण आदि इन्द्रियों के विषय है। अर्थात् पृथ्वी का गुण गन्ध है जल का रस,अग्नि का रूप,वायु का स्पर्श और आकाश का गुण शब्द है।।

प्र.अ.आ. 1 सूत्र 15

बुद्धिरूपलब्धिर्ज्ञानमित्यनर्थान्तरम् ||

अर्थः- बुद्धि, उपलब्धिऔर ज्ञान इन सब का एक ही अर्थ है केवल नाम का भेद है|

प्र.अ.आ. 1 सूत्र 16

युगपज् ज्ञानानुत्पत्तिर्मनसो लिङ्गम् ||

अर्थः - घ्राण आदि पाँचों इन्द्रियों को गन्ध आदि अपने अपने के साथ संबंध होने पर भी एक समय अनेक ज्ञान उत्पन्न नहीं होते हैं इससे प्रतीत होता है किउस इन्द्रिय का सम्बन्धी अव्यापक कोई दूसरा सहकारी कारण है जिसके संयोग से ज्ञान होता है इसी सहकारी कारण को मन कहते हैं||

प्र.अ.आ. 1 सूत्र 17

प्रवृत्तिर्वाग्बुद्धिशरीरारम्भ इति ||

अर्थः - वाणी,बुद्धि और शरीर से कार्य के आरम्भ को प्रवृति कहते हैं|यह पुण्य और पाप दो प्रकार की हो सकती है||

प्र.अ.आ. 1 सूत्र 18

प्रवर्तनालक्षणा दोषा: ||

अर्थः - प्रवर्तना के लक्षण (राग,द्वेष ,मोह) आदि जीवात्मा को बुरे कामों मे प्रवृत करते हैं ये ही मिथ्या ज्ञान से प्रवृत दोष हैं||

प्र.अ.आ. 1 सूत्र 19

 पुनरूत्पत्ति: प्रेत्यभाव: ||

अर्थ: - पुनरुत्पत्ति (मर कर पुन: किसी शरीर में जन्म (लेना) को प्रेत्यभाव कहते हैं| भावार्थ यह है कि जन्म और मरण का फिर फिर होना अनादि और मौक्ष इसका अन्त अर्थात् जब तक मौक्ष न हो तब तक प्रेत्यभाव होता है||

प्र.अ.आ. 1 सूत्र 20

प्रवृतिदोषजनितोऽर्थ: फलम् ||

अर्थ: - प्रवृति (सूक्त 17) व दोष (सूक्त 18) जनित अर्थ का नाम फल है|| कर्म दो प्रकार के होते हैं एक सुखदायक दूसरा दुःख दायक। और यह फल देह, इन्द्रिय, विषय व बुद्धि की संलिप्तता के कारण होता है।

प्र.अ.आ. 1 सूत्र 21

बाधनालक्षणं दुःखं ||

अर्थ;- बाधना (पीड़ा ,पाप) दुःख का लक्षण है।   संसार के सब विषयों मे वस्तुत:दुख का विचार कर इससे मुक्ति चाहने वाला बार बार जन्म लेने में दुःख जानकर उदासीन व विरक्त हो कर मोक्ष प्राप्त कर विराम चाहता है||

आह्निकं 1 सूक्त 22
विस्तार 1

तदत्यन्त विमोक्षोऽपवर्ग: ||

अर्थ: - उस(दुःख दायी जन्म) से अत्यन्त विमुक्ति का नाम अपवर्ग है। नित्यस्याभिव्यक्ति: संवेदनं तस्य हेतुवचनम्|22 विस्तार

अर्थ: - संवेदन को नित्य अभिव्यक्त किया जाना उसका हेतु (कारण) वचन(वाक्य) है||

विस्तार 2

सखवन्रित्यमिति चेत् संसारस्थस्य मुक्तेनाविशेष:,||

अर्थ: - मुक्त सुख और उसकी संवेदना संसार में स्थित होकर भी विशेष नहीं है ||

आह्निक1 सूक्त 22 विस्तार

अभ्यनुज्ञाने धर्माधर्मफलेन साहचर्यं योगपद्यं गृह्येत||

अर्थ: - धर्म अधर्म के फल के साथ ज्ञान से योग पद प्राप्त होता है ||

प्र.अ.आ. 1 सूत्र 22 विस्तार

अनित्यत्वे हेतु वचनम्||

अर्थ: - अनित्यतता के लिये ही वचन है ||

आह्निक1सूत्र 22 विस्तार

आत्ममन: संयोगस्य निमित्तान्तरसहितस्य हेतुतंवम्||

आत्मा और मन का संयोग उसके निमित्त का कारण उसी में अन्तर्निहित है|

आह्निक1सूत्र 22 विस्तार

धर्मस्य कारणवचनम्||

अर्थ: - धर्म का कारण वचन ही है||

प्रथम अध्याय **प्र.अ.आ. 1 सूत्र** 22 विस्तार

योगसमाधिजस्य कार्यावसायविरोधात्प्रलय संवेदननिवृतिĸ|

अर्थ: - योग और समाधि से उत्पन्न कार्य के वशीभूत विरोध ही
प्रलय के कारण की निवृति है||

आह्निक1सूत्र 22 विस्तार

 असंवेदने चाविद्यमानेनाविशेष|

अर्थ: - संवेदना और विद्यमानता शून्य विशेषता रहित है।

प्रथम अध्याय **प्र.अ.आ. 1 सूत्र** 22 विस्तार

अप्रक्षयश्च धर्मस्य निरनुमानमुत्पत्तिधर्मकत्वात्।।

अर्थ: - अप्रत्यक्ष व बिना अनुमान धर्म के प्रभाव की उत्पत्ति निरर्थक है ।।

आह्निक1 सूक्त 22 विस्तार

शरीरादिसम्बन्ध: प्रतिबन्धहेतुरिति चेद् नशरीरादीनामुपभोगार्थत्वाद् विषर्ययस्य चाननुमानात्

अर्थ: - शारीरिक संबध यदि बंधन का कारण है तो शारीरिक उपयोग के अभाव में वह विषय रहित ही माना जायेगा ।।

प्र.अ.आ. 1 सूत्र 22 विस्तार

इष्टाधिगमार्था प्रवृत्तिरिति चेद् न अनिष्टोपरमार्थत्वात् ।।

अर्थ: - इष्ट सुख पाने के लिए प्रवृति होती है और अनिष्ट की निवृति हेतु इष्ट परमार्थ का हेतु है।।

आह्निक1सूत्र 22 विस्तार

दृष्टातिक्रमश्च देहादिषु तुल्य: ।।

अर्थ: - यदि यह दृष्टि युक्ति विरुद्ध है तो दोनो ही समान है ।।

प्र.अ.आ. 1 सूत्र 22विस्तार

उपपत्तिविरूद्धमिति चेत समानम्।।

अर्थ: - उपपत्ति(देह आदि की नित्यता,)जिस प्रकार प्रमाण विरुद्ध है, उसी के समान सुख आदि की नित्यता भी है

आह्निक1सूत्र 22 विस्तार

आत्यन्तिके च संसारदु:खाभावे सुखवचनादागमेऽपिसत्यविरोधः।

अर्थ: - इस संसार मे ऐसा मानना कि दु:ख के अभाव मे सुख कहा जाये तो यह भी सत्य के विरुद्ध है(क्योंकि बिना दु:ख के अनुभव के सुख का अनुभव नही हो सकता)

आह्निक1सूत्र 22 विस्तार

नित्यसुखरागस्य प्रहाणे मोक्षाधिगमाभावो रागस्य बन्धन समाज्ञानात् ||

अर्थ: - नित्य सुख राग की चेष्टा से मोक्ष प्राप्ति काभाव राग के बन्धन के समान ज्ञात होता है|

प्र.अ.आ. 1 सूत्र 22 विस्तार

प्रहीण नित्यसुखरागस्याप्रतिकूलत्वम् |

अर्थ: -मुक्त पुरूष के नित्य सुख राग नष्ट हो जाने पर भीउन्हे वह प्रतिकूल नही होता ||दु:ख दायक जन्म मरण से पूर्ण मुक्ति को ही मोक्ष कहते हैं। अपवर्ग प्रत्यक्ष, अनुमान और आगम प्रमाणों से सिद्ध नहीं होता।

प्र.अ.आ. 1 सूत्र 23

न्यायपूर्वाङ्गलक्षणप्रकरणम् समानानेकधर्मोपपत्तेर्विप्रतिपत्ते रूपलब्ध्यनुपलब्ध्यव्यवस्यातश्च विशेषापेक्षोविमर्श: संशय:

अर्थ: - अनेक समान धर्म केज्ञान से विशेष की अपेक्षा सहित अवमर्श को संशय कहते हैं ।अर्थात् एक जैसे अनेक होने पर जो अनिश्चय का ज्ञान होता है उसे संशय कहते है इसी प्रकार विप्रतिपत्ति(परस्पर विरोधी पदार्थों को साथ देखने से भी संदेह होता है|उपलब्धि कीऔर अनुपलब्धि की अवस्था से भी संदेह होता है||

प्र.अ.आ. 1 सूत्र 24

यम् अर्थम् अधिकृत्य प्रवर्तते तत्प्रयोजनम्||

अर्थ: - जिस अर्थ को पाने योग्य या छोडने योग्य निश्चित करके उसे पाने या छोडने को प्रवृत होता है उसे प्रयोजन कहते है||

प्र.अ.आ. 1 सूत्र 25

लौकिक परीक्षकाणां यस्मिन्नर्थे बुद्धिसाम्यं स दृष्टान्तः।

अर्थ: -जिस पदार्थ को लौकिक रूप में जैसा समझा जाता हो उसी प्रकार उसे यदि परीक्षक भी जाने उसी का नाम दृष्टान्त है।

प्र.अ.आ. 1 सूत्र 26

तन्त्राधिकरणाभ्युपगमसंस्थिति: सिद्धान्तः।

अर्थ: - तंत्र के अधिकरण और अभ्युपगम की संस्थिति (निर्णय)को सिद्धान्त कहते हैं या परस्पर सम्बन्ध सहित अर्थों के समूह के उपदेश को तन्त्र या शास्त् कहते है उसके अर्थ की संस्थिति(निर्णय) को सिद्धान्त कहते हैं।

प्र.अ.आ. 1 सूत्र 27

सर्वतन्त्रप्रतितन्त्राधिकरणाभ्युपगमसंस्थित्यर्थान्तरभावात् ।।

सूक्त 26 मे इंगित सिद्धान्त 4 प्रकार का होता है

1. सर्वतन्त्र सिद्धान्त
2. प्रति तन्त्र सिद्धान्त
3. अधिकरण सिद्धान्त
4. अभ्युपगम सिद्धान्त।।

प्र.अ.आ. 1 सूत्र 28

सर्वतन्त्राविरूद्धतन्त्रेऽधिकृतोऽर्थ: सर्वतन्त्रसिद्धान्त।

अर्थ: - पूर्व वर्णित सिद्धान्तो मे से जो अर्थ सब शास्त्रों में अविरूद्धता से माना गया है उसे सर्वतंत्रसिद्धान्त कहते हैं यथ घ्राण आदि पाॅच ज्ञानेन्द्रियाॅ,अग्नि जल पृथ्वि आदि पंच तत्व,पंचभुत और प्रमाण द्वारा पदार्थों को ग्रहण करना जिन्हें सभी शास्त्र निर्विरोध रूप से मानते है।

प्र.अ.आ. 1 सूत्र 29

समानतन्त्रसिद्धः परतन्त्रसिद्धः प्रतितन्त्रसिद्धान्तः।।

अर्थ: - जो बात एक शास्त्र मे सिद्ध हो और अन्य शास्त्र में सिद्ध न हो उसे प्रतितन्त्रसिद्धान्त कहते है

जैसे मीमांसा शास्त्र शब्द को जहाॅ नित्य मानता है वहीं न्याय शास्त्र शब्द को अनित्य।

प्र.अ.आ. 1 सूत्र 30

यत्सिद्धावन्यप्रकरणसिद्धिः सोऽधिकरणसिद्धान्तK|

अर्थ: - जिस अर्थ के सिद्ध होने से अन्य अर्थ भी नियम से सिद्ध हो उसे अधिकरण सिद्धान्त कहते हैं।

प्र.अ.आ. 1 सूत्र 31

अपरीक्षिताभ्युपगमात्तद्विशेषपरीक्षणमभ्युपगमसिद्धान्तK|३१||

अर्थ: - परीक्षा किये बिना ही किसी पदार्थ को मानकर उस पदार्थ की विशेष परीक्षा करने को "अभ्युपगम सिद्धान्त " कहते हैं, जैसे कि माना चन्द्रमा है पर वह उपग्रह है या ग्रह यह उसकी विशेष परीक्षा हुई जो प्राय: स्वयं को अधिक बुद्धिमान व दूसरे को कम बतलाने की इच्छा से काम लाया जाता है।

प्र.अ.आ. 1 सूत्र 32

प्रतिज्ञाहेतूदाहरणोपनयनिगमनानयवयवाः|३२||

अर्थ: - प्रतिज्ञा१ हेतु २ उदाहरण ३ उपनय४ तथा निगमन५ ये पाॅच वाक्य के अवयव(भाग)हैं| यद्यपि कुछ लोग इसमें जिज्ञासा,संशय,शक्यप्राप्ति, प्रयोजन और संशयव्युदास को भी वाक्य का अवयव मानते हैं पर ये जिज्ञासादि वाक्य का एकदेशा न होने से अवयव नही माने जाते|

प्र.अ.आ. 1 सूत्र 33

साध्यनिर्देश:प्रतिज्ञा||३३||

अर्थ: - साध्य के कथन को प्रतिज्ञा कहते हैं अथवा प्रतिज्ञा साध्य का निर्देश है।

प्र.अ.आ. 1 सूत्र 34

उदाहरणसाधर्म्यात्साध्यसाधनं हेतु ॥३४॥

अर्थ: - उदाहरण की समानता से साध्य के धर्म के साधन को "हेतु" कहते हैं।

प्र.अ.आ. 1 सूत्र 35

तथा वैधर्म्यात् ॥

अर्थ: - तथा जो उदाहरण के विपरीत धर्म से भी जो साध्य का साधक है उसे भी हेतु कहते हैं.

सूक्त 34 में उदाहरण की समानता से साध्य के धरंम को हेतु कहा गया है वहीं सूक्त 35 में उदाहरण के विपरीत से भी जो साध्य का साधक है उसे भी हेतु कहा गया है।

प्र.अ.आ. 1 सूत्र 36

साध्यसाधर्म्यात्तद्धर्मभावी दृष्टान्त उदाहरणम्॥

अर्थ: - उदाहरण भी दो प्रकार के होते हैं एक वह जो साध्य के साथ तुल्य धर्मता का हो उसे अन्वयी उदाहरण कहते हैं दूसरा जो साध्य के साथ वैधर्म्यता का जिसे व्यतिरेकी कहते हैं जैसे जो उत्पन्न होता है वह उत्पत्ति धर्म वाला उदाहरण कहाता है और वह उत्पन्न होने के बाद नाश को प्राप्त हो जाता है इस लिये अनित्य हुआ. इस प्रकार उत्पत्ति धर्म वाला होना साधन, और अनित्य होना साध्य हुआ।

प्र.अ.आ. 1 सूत्र 37

तद्विपर्ययाद्वा विपरीतम् ॥37॥

अर्थ: - साध्य के विरूद्ध धर्म से विपरीत उदाहरण होता है जैसे शब्द अनित्य है, पर यह उत्पत्ति धर्म वाला होने के कारण नित्य भी है,और अनित्य इसलिये है क्योंकि शब्द में उत्पत्ति रूपी धर्म है, उसका अभाव नही है।

प्र.अ.आ. 1 सूत्र 38

उदाहरणापेक्षस्तथेत्युपसंहारो न तथेति वा साध्यस्योपनय|

अर्थ: - उदाहरण के आधीन 'तथा'इति या 'नतथा' इति साध्य के उपसंहार को उपनय कहते हैं

उदाहरण के दो प्रकार होने से उपनय भी दो प्रकार के होते हैं जहॉ दो वैधर्म्य का दृष्टांत होगा वहॉ दो 'नतथा' प्रकार का उपनय और जहॉ दो साधर्म्य का दृष्टांत(उदाहरण) होगा वहॉ दो 'तथा' ऐसा उपसंहार होगा।

प्र.अ.आ. 1 सूत्र 39

हेत्वपदेशात्प्रतिज्ञाया: पुनर्वचनं निगमनम्||

अर्थ: - चूंकि उत्पत्ति धर्म वाला होने के कारण शब्द अनित्य है इस प्रकार के वाक्य को निगमन कहते हैं| अर्थात् जिस वाक्य में 'प्रतिज्ञा ', 'हेतु', 'उदाहरण' और 'उपनय' एक समर्थन किये जायें उसे निगमन कहते हैं|

प्र.अ.आ. 1 सूत्र 40

अविज्ञाततत्वे अर्थे कारणोपपत्तित: तत्त्वज्ञानार्थम् उह: तर्क: {तर्क-लक्षणम्}

अज्ञात पदार्थ मे हेतु की उत्पत्ति से तत्व ज्ञान के लिए जो विचार होता है उसे तर्क कहते हैं|

वह क्या जानता है, उसे मैं कैसे जानू यह "जिज्ञासा" है

वह कैसा है उसके तत्व या धर्म को हर तरह से जानने के प्रयास को विमर्श कहते हैं

जिसका कारण पता है उसे स्वीकार करना तथा जिसका कारण पता नही उसे नकार देने की प्रक्रिया तर्क है|

प्र.अ.आ. 1 सूत्र 41

विमृश्य पक्षप्रतिपक्षाभ्यामर्थाविधारणं निर्णयः|

अर्थ: - पक्ष और प्रतिपक्ष दोनो की अवधारणा का विचार कर निश्चय करने का नाम ही निर्णय है||

आह्निक पूर्ण ||

आह्निक 2

स्थापना (साधन) एवम् निषेध(प्रतिवेध,खण्डन या उपालम्भ) से विचार कर के निश्चय करने का नाम निर्णय है| साधन (स्थापना) का आश्रय "पक्ष" है तथा निषेध का आश्रय "प्रतिपक्ष" दोनो में से एक की निवृति होने पर दूसरे की स्थिति निश्चित है तथा स्थिति के निश्चय को ही निर्णय कहते हैं
पर निर्णय केवल पक्ष या प्रतिपक्ष की स्थिति की निश्चितता मात्र नही है परन्तु इन्द्रिय व अर्थ के संयोग से उत्पन्न प्रत्यक्ष से जो पदार्थ का निश्चय होता है उसे भी निर्णय कहते है ||

प्र.अ.आ. 2 सूत्र 1

प्रमाणतर्कसाधनोपालम्भः सिद्धान्ताविरूद्ध:पञ्चावयवोपपन्न: पक्षप्रतिपक्षपरिग्रहो वादः|

अर्थ: - प्रमाण,तर्क,साधन,उपालम्भ तथा सिद्धान्त के अविरुद्ध (अनुसार) हो पञ्चअवयवो से यक्त पक्ष प्रतिपक्ष के परिग्रह(स्वीकार)को वाद कहते है| वाद अनेक प्रवक्ताओं के विचार गुरु आदि के साथ जिज्ञासा व बुद्धि से सही के निर्णय हेतु होता है।

प्र.अ.आ. 2 सूत्र २

यथोक्तोपपन्नश्छलजातिनिग्रहस्थानसाधनोपालम्भो जल्पः|2||

अर्थ: - पूर्वोक्त लक्षण सहित"छल" "जाति" और निग्रह स्थान सेसाधन का निषेध जिसमे किया जावे,उसे "जल्प"कहते है अर्थात जल्प और वाद में

इतना भेद है कि वाद में तो छल आदि से साधन का निषेध नहीं किया जाता पर जल्प में इनका निषेध होता है।

प्र.अ.आ. 2 सूत्र 3

प्रतिपक्षस्थापनाहीना वितण्डा||3||

अर्थ: - प्रतिपक्ष के साधन से रहित जल्प वितण्डा है पक्ष और प्रतिपक्ष में से किसी की स्थापना वैतण्डिक नहीं करता केवल दूसरे पक्ष का खण्डन ही करता है।

प्र.अ.आ. 2 सूत्र 4

सव्यभिचारविरूद्धप्रकरणसमसाध्यसमक्लातीताहेत्वाभासाः}4||

अर्थ: -हेतु की भाँति प्रतीत तो हो परन्तु हेतु के लक्षण से रहित हो उसको हेत्वाभास कहते हैं. हेत्वाभास के पॉच प्रकार है. 1.सव्यभिचार 2.विरूद्ध 3.प्रकरणसम 4.साध्यसम और 5.कालातीत।।

प्र.अ.आ. 2 सूत्र 5

अनेकान्तिक: सव्यभिचारः|5||

अर्थ: -एकत्र अव्यवस्था का नाम व्यभिचार है| व्यभिचार सहित हेतु को "सव्यभिचार" कहते हैं| एक अन्त मे रहने वाले को एकान्तिक व अनेक अन्त में रहने वाले को अनेकान्तिक कहते हैं||

प्र.अ.आ. 2 सूत्र 6

सिद्धान्तमभ्युपेत्य तद्विरोधी विरूद्धः|

अर्थ: - जिस सिद्धान्त को स्वीकार कर हम प्रवृत हो उसी का विरोधी हेतु को ही विरूद्ध हेत्वाभास कहते है।

प्र.अ.आ. 2 सूत्र 7

यस्मात्प्रकणचिन्ता स निर्णयार्थमपदिष्टः प्रकरणसमः ||7||

अर्थ: - विमर्श से निर्णय तक जिज्ञासा(चिन्तन) जिसके कारण हो,वह निर्णय के लिए उपयुक्त दोनो पक्षों की समता से प्रकरण का उल्लंघन नही करता अत: प्रकरणसम कहलाता है।

प्र.अ.आ. 2 सूत्र 8

साध्याविशिष्टः साध्यत्वात्साध्यसम:

अर्थ: - साधने योग्य अविशिष्ट साध्य उसके साधने के समान ही होता है या कहें कि ऐसे हेतु को साध्यसमहेत्वाभास कहते हैं ।

प्र.अ.आ. 2 सूत्र 9

कालात्ययापदिष्ट: कालातीत: ॥9॥

अर्थ: - काल के ध्वंस से जिसका आभास हो वह कालातीत हेत्वाभाष कहलाता है| किसी भी योग या संयोग के घटित हो जाने पर वह घटना हो जाती है ओर उस घटना काल के अपदिष्ट अर्थात् ध्वंस हो जाने उसके कालातीत होने का आभाष होता है

प्र.अ.आ. 2 सूत्र 10

वचनविघातो$र्थविकल्गोपपत्त्या च्छलम्॥10॥

अर्थ: - वक्ता के अर्थ को बदल कर विकल्प की उपपत्ति से वचन का विघात करना 'छल' हैपूर्वोक्त छल तीन प्रकार के होते हैं 1.वाक् अर्थात् वाणी या वचन का छल 2. सामान्य छल तथा 3 उपचार छल॥

प्र.अ.आ. 2 सूत्र 11

 तत्त्रिविधं वाक्छलं सामान्यच्छलमुपचारच्छलं चेति ॥11|

अर्थ: - पूर्वोक्त छल तीन प्रकार के होते हैं 1.वाक् अर्थात् वाणी या वचन का छल 2. सामान्य छल तथा 3 उपचार छल|

प्र.अ.आ. 2 सूत्र 12

अविशेषाभिहिते$र्थेवक्तुरभिप्रायादर्थान्तरकल्पनावाक्छलम्॥12॥

अर्थ: -अविशेष अर्थात साधारण रुप से वक्ता के आशय के विरूद्ध अन्य अर्थ की कल्पना को वाक्छल कहते है जैसे नव शब्द का अर्थ नवीन के स्थान पर नौ कर लेना व अपनी बात को उस प्रकार स्थापित करने का प्रयास करना।

प्र.अ.आ. 2 सूत्र 13

सम्भवतो$र्थस्यातिसमान्ययोगादसम्भूतार्थकल्पनासामान्यच्छलम्॥13॥

अर्थ: - संभावित अर्थ को अतिसामान्य के योग से असंभूत अर्थ की कल्पना करना सामान्य छल कहलाता है जैसे क्षत्रिय है तो वीर और अन्याय का विरोधी होगा ही यह मान लेना या यह मानने को लोगों को कल्पना करवाना सामान्य छल है।

प्र.अ.आ. 2 सूत्र 14

धर्मविकल्पनिर्द्देशे$र्थसद्भावमतिषेध उपचारच्छलम् ॥14॥

अर्थ: - शब्द के धर्म (मुख्य अर्थ) के विकल्प रूप मे या अन्यत्र दृष्ट का अन्य स्थान में प्रयोग करना ,उसके उच्चारण से अर्थ के सद्भाव का निषेध करना, उपचार छल कहाता है।

प्र.अ.आ. 2 सूत्र 15

वाक्छलमेवोपचारच्छलं तद्विशेषात्॥

अर्थ: - वाक्छल व उपचार छल एक जैसे है क्योंकि क्योंकि दूसरे अर्थ की कल्पना करना वाक्छल व उपचार छल में समान है फिर भेद या विशेषता क्या है|

प्र.अ.आ. 2 सूत्र 16:-

न तदर्थान्तरभावात् ॥16॥

अर्थ: - वाक्छल में एक शब्द के दो अर्थ होने से अलग अलग कल्पना की जा सकती है पर शब्द के मुख्य अर्थ का निषेध करना उपचार छल है जैसे नदी बह रही है सामान्य रूप से कहा जाता है पर दूसरा कह सकता है नदी नहीं नदी में पानी बह रहा है यहाँ अर्थ बदल कर अर्थ का खण्डन किया दूसरी तरफ वाक्छल में नव का अर्थ नौ या नया मानकर अलग अलग अर्थ की कल्पना करना।

प्र.अ.आ. 2 सूत्र 17

अविशेषे वा किञ्चित्साधर्म्यादेकच्छलप्रमङ्गः॥17॥

अर्थ: - हमारे विशेषता न मानकर कुछ तुल्यता स्वीकार कर लेने से एक ही प्रकार का छल रह जाता है।यदि यह कारण कुछ तुल्यता से छल के तीन प्रकार का होने का भी खण्डन करता है तो दो प्रकार का भी खण्डन होता है।

प्र.अ.आ. 2 सूत्र 18

साधर्म्यवैधर्म्याभ्यां प्रत्यवस्थान जातिः ॥18॥

अर्थ: - साधर्म्य (तुल्य धर्मता) व वैधर्म्म(विरूद्ध धर्मता) से जो प्रत्यवस्थान (खण्डन,दूषण) किया जाता है उसे जाति कहते है या कहें कि हेतु के प्रयोगार्थ जो प्रसंग होता है उसे जाति कहते हैं॥

प्र.अ.आ. 2 सूत्र 19

विप्रतिपत्तिरप्रतिपतिश्च निग्रहस्थानम् ॥19॥

अर्थ: - विपरीत प्रतिपत्ति अर्थात उल्टा या कुत्सित ज्ञान की प्रवृति व अप्रतिपत्ति अर्थत् दूसरे के सिद्ध किये गये पक्ष का खण्डन न करना या स्व पक्ष पर आरोपित दोषों का समाधान न करना, दोनो ही का स्थान निग्रह (पराजय या हार)} का स्थान है। प्रतिपत्ति (प्रवृति/ज्ञान)।

प्र.अ.आ. 2 सूत्र 20

तद्विकल्पाज्जातिनिग्रहस्थानबहुत्वम्॥20॥

अर्थ: - उस "साधर्म्य और वैधर्म्य" के खण्डन के विकल्प से जाति का बहुत होना और विप्रतिपत्ति एवं अप्रतिपत्ति के विकल्प से निग्रह स्थान का बहुत होना सिद्ध होता है| अनेक प्रकार की कल्पना को विकल्प कहते हैं|जैसे अननुभाषण अर्थात् चुप होजाना,,अज्ञान(न समझना) ,अप्रतिभा ,उत्तर का न फुरना,मतानुज्ञा, दूसरे के मत को अंगीकार करना ,अपने उपर थोपे गये दोष की उपेक्षा करना,ये सब अप्रतिपत्ति है तथा शेष को विप्रतिपत्ति कहते है इस प्रकार प्रमाण आदि पूर्वोक्त सोलह पदार्थों का लक्षण सहित विभाग पूरा हुआ।।

प्रथम अध्याय द्वितीय आह्निक समाप्त

दर्शन द्वितीय अध्याय

आह्निक 1

द्वि.अ.आ.1 सूत्र 1

 समानानेकधर्माध्यवसायादन्तरधर्माध्यवसायाद्वा न संशय |

अर्थ: -समान और अनेक धर्मो के या दो मे से एकधर्म के ज्ञान से संदेह नहीं हो सकता अर्थत् धर्म के ज्ञान से धर्मी में संदेह नहीं बनता क्योकि धर्म और धर्मी भिन्न पदार्थ है| रूप के ज्ञान से स्पर्श. में कदापि संदेह नहीं हो सकता।

द्वि.अ.आ.1 सूत्र 2

विप्रतिपत्त्यव्यवस्याध्यवसायाच्च |

अर्थ: -मात्र विप्रतिपत्ति (अनेक प्रकार का ज्ञान) या मात्र अव्यवस्था से संदेह नही हो सकता है | परन्तु संदेह केवल उसी को होगा जिसे विप्रतिपत्ति (अनेक प्रकार का) ज्ञान हो| इसी प्रकार अव्यवस्था से भी संदेह तभी होगा जब विप्रतिपत्ति भी हो।

द्वि.अ.आ.1 सूत्र 3

विप्रतिपत्तौ च संप्रतिपत्तैः|

अर्थ: -कल्पना द्वारा समान धर्म के ज्ञान से अत्यन्त संशय होता है क्योंकि समान धर्मों की उपपत्ति से संदेह है उसी से अत्यन्त संशय की आपत्ति भी हो जाती है| समान धर्म की उपपत्ति का अभाव न होने से संदेह की कभी निवृत्ति नही होगी।।

द्वि.अ.आ.1 सूत्र 4

सूत्रः-अव्यवस्थत्मनि व्यवस्थितत्वाच्चाव्यवस्थाया: ||4||

अर्थ: - अव्यवस्था से संदेह नही हो सकता है क्योंकि अव्यवस्था (स्थिति रहित) आत्मा में व्यवस्थित है| किसी विषय में स्थिति को व्यवस्था कहते हैं और उससे जो विपरीत अर्थात स्थिति रहित हो वह अव्यवस्था कहलाती है।

द्वि.अ.आ.1 सूत्र 5

सूत्रः-तथात्यन्तसंशयस्तद्धर्मसातत्योपपत्तेः|5||

अर्थ: - कल्पना द्वारा समान धर्म के ज्ञान से अत्यन्त संशय होता है क्योंकि समान धर्मों की उपपत्ति से संदेह है उसी से अत्यन्त संशय की आपत्ति भी हो जाती है| समान धर्म की उपपत्ति का अभाव न होने से संदेह की कभी निवृत्ति नही होगी।।

द्वि.अ.आ.1 सूत्र 6

सूत्रः-यथोक्ताध्यवसायादेव तद्विशेषापेक्षात् संशये नासंशयो नात्यन्तसंशयो वा |

अर्थ: -यथोक्त निश्चय से ही विशेष धर्म की अपेक्षा से संशय नासंशय(संशय का अभाव) याअत्यन्त संशय नही हो सकता दूसरे शब्दों मे धर्म की विशेष अपेक्षा या आकॉंक्षा के यथोक्त निश्चय से संशय ,न असंशय, न ही अत्यन्त संशय होता है।

उपपत्तिवचनाद्वा

अर्थ: - उपपत्ति (argument, rational)अर्थात तर्क या औचित्य मे दो मत या वचन होते है

द्वि.अ.आ.1 सूत्र 7

सूत्रः-यत्रसंशयस्तत्रैवमुत्तरोत्तरप्रसङ्गः |

अर्थ: -जहॉ जहॉ सन्देह है वहॉ पुन: पुन: सप्रसंग संदेह का परीक्षण कर निवारण करें।

द्वि.अ.आ.1 सूत्र 8

सूत्र:- प्रत्यक्षादीनामप्रामाण्यं त्रैकाल्यासिद्धैः|

अर्थ: -प्रत्यक्ष आदि तीनो काल (भूत,भविष्य,वर्तमान) मे सिद्ध न होने से प्रमाण नहीं हो सकते हैं|

द्वि.अ.आ.1 सूत्र 9

पूर्वं हि प्रमाणसिद्धा नेन्द्रियार्थसन्निकर्षात्प्रत्यक्षोतपत्तिः |

अर्थ: -यदि ऐसा माने कि गंध आदि विषयक ज्ञान पहले से ही प्रत्यक्ष है तो इन्द्रिय और अर्थ के संयोग से प्रत्यक्ष की उपपत्ति नहीं हुई है|

द्वि.अ.आ.1 सूत्र 10

पश्चात्सिद्धौ न प्रमाणेभ्य: प्रमेयसिद्धि: |

अर्थ: -चूंकि प्रमाण से सिद्ध अर्थ " प्रमेय होता है अत:पश्चात् (बाद मे) सिद्ध बात प्रमाण नहीं हो सकती||

द्वि.अ.आ.1 सूत्र 11

सूत्र:- युगपत्सिद्धौप्रत्यर्थनियतत्वाक्रमवृत्तित्वाभावोबुद्धिनाम् |

अर्थ: -यदि प्रमाण और प्रमेय की सिद्धि एक साथ होती है तो ज्ञान के जो क्रम से अच्छा में प्रवृति होने के नियम का खण्डन हो जायेगा अत: प्रत्यक्ष आदि प्रमाणों का प्रमाण होना सिद्ध नहीं होता|

द्वि.अ.आ.1 सूत्र 11*

उपलब्धिहेतोरुपलब्धिविषयस्य चार्थस्य पूर्वापरसहभावानियमाध्यथादर्शनम् विभागवचनम्।

अर्थ: -उपलब्धि का कारण (हेतु) पहले और उपलब्धि का विषय बाद में एवं कहीं विषय पहले एवं हेतु बाद में होता है अत: परस्पर जहां जैसा संभव हो वहां वैसा विभाग की कहना उचित है।

समाख्याहेतोस्त्रैकाल्ययोगात्तथाभूता समाख्या।

अर्थ: -सम प्रतिवेदन हेतु कारण एवं विषय(ज्ञान का कारण "प्रमाण" व ज्ञान का विषय "प्रमेय") त्रिकाल (प्रथम साथ व पीछे) का होना अनियत है।

त्रेकाल्यानभ्यनुज्ञाने च व्यवहारानुपपत्ति:।

अर्थतीनों काल में ज्ञान व व्यवहार के अनुसार जहां जैसा उचित हो वैसा करें

द्वि.अ.आ.1 सूत्र 12

सूत्र:-त्रेकाल्यासिद्थे: प्रतिषेधानुपपत्ति:।।

अर्थ: -तीन काल में असिद्ध होने से प्रतिषेध की सिद्धि नहीं हो सकती है। यदि पहले सिद्धि मानकर प्रतिषेध की उपपत्ति कहो तो प्रतिषेध (दूषण देने)योग्य विषय न रहने से किसका निषेध होगा यदि पश्चात् सिद्धि मानी जाये तो प्रतिषेध के अभाव से प्रतिषेध योग्य वस्तु की सिद्धि नहीं होगी । और यदि एक साथ सिद्धि मानी जाये तो प्रतिषेध योग्य की उपपत्ति मान लेने से निषेध व्यर्थ हुआ।अत: प्रतिषेध लक्षण वाक्य के सिद्ध न होने से प्रत्यक्ष आदि प्रमाणों का प्रमाणत्व सिद्ध होता है।।

द्वि.अ.आ.1 सूत्र 13

सर्वप्रमाणप्रतिषेधान्च प्रतिषेधानुपपत्ति:।

अर्थ: -जब सब प्रमाणों का निषेध हो चुका हो तब प्रतिषेध हेतु प्रमाण की उपस्थिति कहॉ से होगी।और प्रमाण के बिना कोई बात सिद्ध भी नहीं हो सकती। इसलिए सब प्रमाणों का निषेध भी नहीं हो सकता ।।

द्वि.अ.आ.1 सूत्र 14

सूत्र – तत्प्रामाण्ये वा न सर्वप्रमाणविप्रतिषेध: |

अर्थ: -तत्(उस प्रतिषेध के) प्रमाण में तो सब प्रमाणों का वि(अच्छा)प्रतिषेध नहीं हो सकता , या यह कहें कि प्रत्यक्षादि प्रमाणों का अप्रमाण्य होना प्रामाण्य मान लिया जावे, तो प्रतिषेध (refusal)कहना असंगत है|

द्वि.अ.आ.1 सूत्र 15

सूत्र:- त्रेकाल्याप्रतिषेधश्च शब्दादातोदधसिद्धिवत्तसिद्धे: |

अर्थ: -तीन काल का निषेध नही होता, शब्द से उसके उद्ग्म (वाद्यादि) की सिद्धि सिद्ध है | तात्पर्य यह है कि प्रमाण और प्रमेय (Theorem)का समकाल होने का कोई नियम नहीं है | प्रमाण कहीं पहले कहीं साथ तो कहीं पीछे(बाद) भी होते हैं|

द्वि.अ.आ.1 सूत्र 16

सूत्र:- प्रमेया च तुलाप्रामाण्यवत् |

अर्थ: -तुला प्रमाण और प्रमेय जैसी है क्यों कि दोनो धर्म युक्त है| स्वर्ण आदि द्रव्यों का भार उससे जाना जाता है इसलिए वह प्रमाण है तथा जब उसी (तुला) का तौल दूसरी तुला वस्तु से मालूम किया जाये तो वह प्रमेय हो सकती है| आत्मा, ज्ञान का विषय होने के कारण प्रमेयों में पढा गया और जानने में स्वतंत्र होने से प्रमाता भी कहलाती है, इसी प्रकार बुद्धि ज्ञान का कारण होने से प्रमाण व ज्ञान का विषय होने से प्रमेय भी हो सकती है।

द्वि.अ.आ.1 सूत्र 17

सूत्र:- प्रमाणत: सिद्धे: प्रमाणानां प्रमाणान्तरसिद्धिप्रसंग:|17||

अर्थ: -प्रमाण से सिद्ध प्रमाणों की सिद्धि मानने के लिए दूसरे प्रमाण की सिद्धि माननी होगी अन्यथा यह अनन्त तक प्रसंग बना रहेगा|

द्वि.अ.आ.1 सूत्र 18

तद्विनिवृत्तेर्वा प्रमाणसिद्धिवत् प्रमेयसिद्धि: |

अर्थ: -यदि प्रत्यक्षादि प्रमाणों के ज्ञान के लिए अन्य प्रमाण न मानोगे तो आत्मा के ज्ञान के लिए भी प्रमाण मानने की आवश्यकता ही नहीं रहेगी|" दूसरे प्रमाण की सिद्धि की तरह प्रमेय की भी सिद्धि हो जायेगी" और सब प्रमाणों का लोप हो जायेगा।

द्वि.अ.आ.1 सूत्र 19

सूत्र:- न प्रदीपप्रकाशसिद्धिवत्तत्सिसद्धे:

अर्थ: - दीप का प्रकाश दृश्य पदार्थ के दर्शन का प्रमाण है| अंधकार में रक्खे पदार्थ का प्रदीप के होने से होना तथा प्रदीप के न होने से उसका अदर्शन (लोप) सिद्ध होता है।

सूक्त 19 .....

तेनैव तस्याग्रहणमिति चेद् नार्थभेदस्य लक्षणसामान्यात्।

ज्ञातृमनसोश्च दर्शनात्।

निमित्तभेदो$त्रेती चेत् समानम्।

प्रत्यक्षादीनां चाविषयस्यानुपपत्ते:।

क्व चित्रिवृत्तिदर्शनाद्विवृत्ति दर्शनाच्च क्व चिदनेकान्त:।

विशेष हेतु परिग्रहे सति उपसंहाराभ्यनुज्ञानादप्रतिषेध:।

प्रत्यक्षदीनांप्रत्क्षादिभिरूपलब्ध्यावनवस्थेति   चेन्न   संविद्विषयनिमित्तानाम् उपलब्ध्या व्यवहारापपत्ते:।

अर्थ: - इन्द्रियॉं अपने अपने विषय को ग्रहण करती है इस विषय ग्रहण से ही उनका(इन्द्रियों का) होने का अनुमान लगाया जाता है| पदार्थ प्रत्यक्ष द्वारा ग्रहण किये जाते हैं|

इन्द्रिय और पदार्थ के संयोग से उत्पन्न ज्ञान सुख आदि के समान आत्मा और मन के संयोग विशेष से आत्मा के समवाय (एक प्रकार का नित्य संबंध) से ग्रहण किया जाता है|

एक ही वस्तु प्रमाण और प्रमेय के नाम से अवस्था भेद से व्यवहृत हो सकती है|

इससे यह सिद्ध हुआ कि प्रत्यक्षादि की सिद्धि प्रत्यक्षादि प्रमाणों से होती है न कि दूसरे प्रमाणों से और न ही यह सिद्धान्त बिन प्रमाण का है|

कोई तो बिना विशेष हेतु ग्रहण किये साध्य के साधन के लिए कहते हैं कि जिस तरह दीप का प्रकाश बिना दूसरे दीप के प्रकाश के ग्रहण किया जाता है, उसी प्रकार प्रमाणादि बिना प्रमाणों के ही ग्रहण किये जाते हैं| परन्तु ऐसा कहना, कहीं अन्य प्रमाण की अपेक्षा निवृत्ति होने और कहीं निवृत्ति नहीं होने से अनैकान्त है|

अर्थात् किसी में तो दूसरे प्रमाण की आवश्यकता नहीं होती दीपक के स्वयं प्रकाश स्वरूप होने से अन्य प्रकाश की आवश्यकता नहीं होती, तो किसी में दूसरे प्रकाश (प्रमाण) की आवश्यकता होती है लेकिन घट आदि अप्रकाशवान वस्तु के ज्ञान हेतु दीप आदि प्रकाश की आवश्यकता होती है | इसभाव से बिना विशे हेतु के यह दृषटान्त अनैकान्त है| अर्थात् एक ही प्रकार से सर्वत्र व प्रत्येक साध्य पक्ष में घटने से और साध्य के समान ही विरूद्ध पक्ष मे भी घटने से "प्रतिदृष्टान्त समजाति" दोष युक्त है उसमे विशेष हेतु के परिग्रह से, साधन के साध्य के सिद्ध होने से अनैकान्त होने का दोष नहीं आता है,अत: इससे प्रतिषेध नही हो सकता|यदि यह कहें कि प्रत्यक्षादि का प्रत्यक्षादि द्वारा उपलब्धि होने से अनवस्था दोष आता है तो ज्ञाम विषयों के निमित्तों की उपलब्धि का व्यवहार सिद्ध नहीं होता है।

द्वि.अ.आ.1 सूत्र 20

सूत्र:- प्रत्यक्षलक्षणानुपपत्तिरसमग्रवचनात् |

अर्थ: -प्रत्यक्ष का लक्षण सिद्ध नहीं होता है क्योंकि इसके विषय में पूरी तरह नहीं कहा गया है| आत्मा और मन का संयोग ही प्रत्यक्ष का कारण है, चुँकि केवल इन्द्रिय और अर्थ के संयोग को कारण माने तो अनेक तरह के ज्ञान की अनुभूति होगी इसलिए मन के संयोग को प्रत्यक्ष का कारण मानना चाहिए।

द्वि.अ.आ.1 सूत्र 21

सूत्र:- नात्ममनसो: सन्निकर्षभावे प्रत्यक्षोत्पत्ति: |

अर्थ: -आत्मा और मन के सन्निकर्ष के बिना प्रत्यक्ष की उत्पत्ति नहीं होती है|

द्वि.अ.आ.1 सूत्र 22

सूत्र:- दिग्देशकालाकाशेष्वप्येवं प्रसंग।

अर्थज्ञान आत्मा का लिङ्ग है असंयुक्त द्रव्य में गुणोत्पत्ति नहीं हो सकने से यह त्याज्य नहीं है।

द्वि.अ.आ.1 सूत्र 23

सूत्र:-ज्ञानलिङ्गत्वादात्मनो नानवरोधः।23।।

अर्थ: -ज्ञान आत्मा का लिङ्ग है असंयुक्त द्रव्य में गुणोत्पत्ति नहीं हो सकने से यह त्याज्य नहीं है।

द्वि.अ.आ.1 सूत्र 24

सूत्र:-तदयौगपद्यलिङ्गत्वाच्च न मनसः।

अर्थ: -तै(वे-इन्द्रियऔर अर्थ)के द्वारा विशेष ज्ञानो का व्यवहार किया जाता है जैसे नाक से सूंघना नैत्र से देखना आदि 5 प्रकार की ज्ञानेन्द्रियों के विषय विशेष से 5 प्रकार की बुद्धि होती है ।इसलिए इन्द्रिय और अर्थ के संयोग की मुख्य या है।

द्वि.अ.आ.1 सूत्र 25

सूत्र:-प्रत्यक्षनिमित्तत्वाच्चेन्द्रियार्थयो: सन्निकर्षस्यस्वशब्देन वचनम्।

अर्थ: - इन्द्रिय और अर्थ का संयोग प्रत्यक्ष का मुख्य कारण है। आत्मा और मन का संयोग,प्रत्यक्ष, अनुमान, उपमान, और शब्द इन सबका कारण है अत: इन्हे पृथक पृथक कहा है।

द्वि.अ.आ.1 सूत्र 26

सूत्र:- सुप्तव्यासक्तमनसां चेन्द्रियार्थयो: सन्निकर्षनिमित्तत्वात्।

अर्थ: -सुप्त या आसक्त मन की अवस्था में इन्द्रिय और अर्थ का संयोग ही रहता है न कि आत्मा और मन का। प्रबल शब्द या सनिष्कर्ष के कारण सुप्रीम मनुष्य जब जागता है तब संयोग इन्द्रिय और अर्थ का होता है,जबकि आत्मा और मन के चिन्तन के कारण मनुष्य स्वयं नियत समय पर जागता है।।

द्वि.अ.आ.1 27

सूत्र:- तैश्चापदेशो ज्ञानविशेषाणाम् ||27||

अर्थ: -तै(वे-इन्द्रियऔर अर्थ)के द्वारा विशेष ज्ञानो का व्यवहार किया जाता है जैसे नाक से सूंघना नैत्र से देखना आदि 5 प्रकार की ज्ञानेन्द्रियों के विषय विशेष से 5 प्रकार की बुद्धि होती है ।इसलिए इन्द्रिय और अर्थ के संयोग की मुख्य या है।

द्वि.अ.आ.1 सूत्र 28

सूत्र:- व्याहतत्वादहेतु: |

अर्थ: -जैसे सेना और वन के अवयवों को दूर से देखने पर उनकी पृथकता प्रतीत न होने ऐसा लगता है कि वे एक हैं, इसी प्रकार संचित परमाणुओं में भिन्नता के प्रतीत न होने से एक होने का ज्ञान होता है।

द्वि.अ.आ.1 सूत्र 29

सूत्र:- नार्थविशेषप्राबल्यात् |

अर्थ: -किसी विशेष अर्थ की प्रबलता से इस हेतु (आत्मा और मन का संयोग सब ज्ञानी का कारण है)का खण्डन नहीं होता है।

द्वि.अ.आ.1 सूत्र 30

सूत्र:- प्रत्यक्षमनुमानमेकदेशग्रहणादुपलब्धे: |

अर्थ: - प्रत्यक्ष और अनुमान की उपलब्धता एक देश की ग्रहणता पर आश्रित है या यह कहें कि एक देश के ग्रहण को आश्रित करके प्रत्यक्ष का अनुमान होना संभव होता है।

द्वि.अ.आ.1 सूत्र 31

सूत्र:- न प्रत्यक्षेण यावत्तावदप्युपलम्भात् |

अन्यथापि च प्रत्यक्षस्य नानुमानत्वप्रसङ्गस्तत्पूर्वकत्वात्

अर्थ, >प्रत्यक्ष से अनुमान का अवलम्भन नहीं कहा जा सकता है। ज्ञान निर्विषय नहीं होता है। जितना अर्थ ज्ञान का विषय है वह सारा प्रत्यक्ष का विषय है। अन्य प्रकार से भी प्रत्यक्ष अनुमान नहीं हो सकता है,क्योंकि अनुमान प्रत्यक्ष पूर्वक होता है,जैसे बादलों से वर्षा का, रुपए से अग्नि का।।

द्वि.अ.आ.1 सूत्र 32

सूक्त :-न चैकदेशोपलब्धिरवयविसद्धावात्|| 32||

अकृत्स्नग्रहणादिति चेद् न कारणतोऽन्यस्यैकदेशस्याभावात् ||

अर्थ: - उपलब्धि एक देश मात्र की नहीं होती बल्कि साथ रहने वाले अवयवी के विद्यमान होने से उपलब्धि विद्यमान अवयवी की भी होती है ।कारण के ज्ञान के साथ ही अभिन्न कार्य का ज्ञान भी होता है।अवयवी अवयवों से भिन्न माना गया है।प्रत्यक्ष वही होता है

द्वि.अ.आ.1 सूत्र 33

सूत्र:-साध्यत्वादवयविनि सन्देह: |

अर्थ: -साध्य होने से अवयवी में संदेह है जब तक अवयव से भिन्न अवयवी सिद्ध न हो अर्थात् अवयवी तब ही प्रत्यक्ष है जब वह अवयव से भिन्न हो।

द्वि.अ.आ.1 सूत्र 34

सूत्र:-सर्वग्रहणमवयव्यसिद्धे: ।

अर्थ: -सब यथा द्रव्य गुण क्रिया जाति आदि पदार्थ का ज्ञान अवयवी को प्रत्यक्ष मानने से ही सिद्ध होते हैं।

द्वि.अ.आ.1 सूत्र 35

 सूत्र:- धारणाकर्षणोपपत्तेश्च ।

अर्थ:- धारण, और आकर्षण की उपपत्ति से भी अवयवी की सिद्धि होती है।अर्थात् एक अवयव का धारण करने से सबका धारण हो जाता है । तथा एक अवयवी के आकर्षण से सब आकर्षित हो जाते हैं।

द्वि.अ.आ.1 सूत्र 36

सूत्र:- सेनावनवद् ग्रहणमिति चेन्नातीन्द्रियत्वादरगुनाम् ।

अर्थ: -जैसे सेना और वन के अवयवों को दूर से देखने पर उनकी पृथकता प्रतीत न होने ऐसा लगता है कि वे एक हैं, इसी प्रकार संचित परमाणुओं में भिन्नता के प्रतीत न होने से एक होने का ज्ञान होता है।

सूत्र 36 सतत्

दृष्टिमिति चेन्न तद्विषयस्य परीक्ष्योपपत्ते:।।

अर्थ: - जो दृष्ट है परीक्षा उसके विषय की की जाती है,उस(दृष्ट) की नहीं।

सूत्र 36 सतत्

इन्द्रियान्तरविषयेष्वभेदप्रत्य:प्रधानमिति चेद् न विशेषहेत्वभावात् ।

अर्थ: -इन्द्रियान्तर के विषय में अभेद ज्ञान का होना प्रधान माने तो विशेष हेतु के अभाव में इस दृष्टान्त का प्रतिस्थापन नहीं हो सकता।

सूत्र 36 सतत्

अणु:शब्दो महानिति च व्यवसायात् प्रधानसिद्धिरितिचेद् न मन्दतीव्रताग्रहणमियत्तानवधारणाद् यथाद्रव्ये।

अर्थ: -अणु के महान होने का निश्चय शब्द के प्रधान होने की सिद्धि है। शब्द में इयता(इतना, मात्रा) होने से ही उसकी मन्दता, तीव्रता का ज्ञान होता है। जैसा द्रव्य होता है उसके अनुसार ही शब्द अणु है,अल्प है,मन्द है ,महान है, पटु है तीव्र है इसका ज्ञान होता है।

सूत्र 36 सतत्

*द्वौ समुदायावाश्रय: संयोगस्येति चेत् ।

  * चेत् प्राप्तेरग्रहणम् ।

अर्थ: - दो समुदायों का आश्रय संयोग है,तो वह समुदाय क्या है? अनेक की अनेक प्राप्ति या एक की अनेक प्राप्ति।

प्राप्ति का ग्रहण न होना मान्य नही है क्योंकि प्राप्ति के आश्रित मिली हुई दो वस्तुओं का ग्रहण होता है। इसलिए दो स्थूल द्वित्व के आश्रयभूत पदार्थ में संयोग का स्थान होता है।।

सूत्र 36 सतत्

अनेकसमूह: समुदाय इति चेद्र द्वित्वेनसमानाधिकरणस्यग्रहणात् ।

अर्थ: -अनेक समूह को समुदाय कहते हैं। ऐसा मानने से दो होने के साथ समानाधिकरण(एकत्र रहने) का ग्रहण नहीं किया जा सकता है।।

सूत्र 36 सतत्

प्रत्यासत्ति: प्रतीघातावसाना संयोगो नार्थान्तरमिति चेद् नार्थान्तरहेतुत्वान्संयोगस्य ।।

अर्थ: -संयोग के पदार्थान्तर हेतु होने से यह कहना उचित नहीं है कि संयोग कोई भिन्न पदार्थ नहीं है। शब्द रूप आदि का हेतु संयोग है,बिना भिन्न गुण हुए शब्द में, रूप आदि, में और हिलने में कारण का ग्रहण होता है। इससे संयोग,भिन्न गुण और ज्ञान का विषय, भिन्न पदार्थ है। इस संयोग बुद्धि का कोई पदार्थान्तर विषय नही है तो अर्थान्तर का खण्डन होता है।

सूत्र 36 सतत्

तत्रप्रतिषिध्यमानवचनम् ।

अर्थ: -संयोग भिन्न गुण और ज्ञान का विषय भिन्न पदार्थ है, इसका प्रतिरोध माने तो संयोग बुद्धि का कोई पदार्थान्तर विषय नही है।

सूत्र 36 सतत्

* व्यधिकरणस्यानभिव्यक्तेरधिकरणवचनम् ।

* प्राप्ताप्राप्तसामर्थ्यवचनम् ।

तत्रेकसमुदाये प्रतीयमाने ऽर्थभेद: ।।

अर्थ: --ज्ञान का अनुवृति रूप जो जाति विशेष है का खण्डन न हो सकने के कारण ज्ञान की व्यवस्था नहीं हो सकती।इस कारण व्यधिकरण का ज्ञान न होने से एकीकरण का कथन हैं।यदि अणुओं का मिलकर एक सा रहना विषय है,तो क्या प्राप्त अणुओं के समवस्थान में उसकी आश्रय जाति विशेष का ग्रहण होता है या अप्राप्त में। अप्राप्त मे मानने पर व्यवहित अणु के समवस्थान की उपलब्धि का प्रसंग होता है। व्यवहित अणु समवस्थान में उसके आश्रय जाति विशेष का ग्रहण होता है।यदि प्राप्ति में ग्रहण होता तो मध्य व पर भाग की अप्राप्ति में अभिव्यक्ति नहीं होती।जितनी प्राप्ति मे जाति विशेष का ग्रहण होता है,उतना ही उसका अधिकरण होता है।

उसने एक समुदाय के प्रतीयमान होने पर पदार्थ का भेद होता है। समुदित अणु समवस्थान जो अर्थान्तर और जाति विशेष है,उसकी अभिव्यक्ति का विषय होने से भिन्न पदार्थ रूप अवयवी का होना सिद्ध होता है।

द्वि.अ.आ.1 सूत्र 37

सूत्र:- रोधोपघातसादृश्येभ्यो व्यभिचारादनुमानमप्रमाणम् ।

अर्थ: -रोध,उपघात और तादृश्य (समान या समन्वय) से व्यभिचार आने का अनुमान प्रमाण नहीं है।जैसे नदी में पानी बढ़ने से ऊपरि क्षेत्र में वर्षा होने का अनुमान गलत भी हो सकता है,किसी बॉध के टूटने या उससे पानी छोड़ने से भी जलस्तर बढ़ सकता है।

द्वि.अ.आ.1 सूत्र 38

सूत्र:- नैकदेशत्राससादृश्येभ्यो$र्थनितरभावातं ।।

अर्थ. एक देश, त्रास और तुल्यता से भिन्न अर्थान्तर भाव होने से अनुमान का व्यभिचार नहीं है ।

द्वि.अ.आ.1 सूत्र 39

सूत्र:- वर्त्तमानाभाव: पतत: पतितपतितव्यकालोपपत्ते:|

अर्थ: -वृत्त (ढेपुनी – जिस में फल लगा रहता है) से अलग होकर भूमि पर पड़ते फल का जो ऊपर का मार्ग है, उससे युक्त काल,पतित काल कहलाता है। और जो नीचे का मार्ग, पतितव्य मार्ग ,पतितव्य मार्ग से युक्त काल पतितव्य काल कहलायेगा। और कोई तीसरा मार्ग रहा ही नहीं ,जिसे हम वर्तमान कहें। इसलिए वर्तमान काल कोई है ही नहीं , यह सिद्ध हो गया। तब "अनुमान" त्रिकाल विषय नहीं हो सकता।

द्वि.अ.आ.1 सूत्र 40

सूत्र:- तयोरप्यभावो वर्तमानाभावे तदेपक्षत्वात् |

अर्थ: -उसका रोप्य (द्रव्य के विद्यमान रहने का) भाव को वर्तमान काल मानना चाहिये। जो द्रव्य में विद्यमान पतन क्रिया को नहीं मानता वह किसकी समाप्ति और उत्पन्न होने वाली क्रिया को मानेगा।पतित काल भूत क्रिया ,पतितव्य भविष्य क्रिया , इन दोनो कालों में द्रव्य क्रियाहीन रहता है। जब स्थिर होता है तो वस्तु क्रिया युक्त होने से इस अवस्था को वर्तमान काल कहते हैं। उक्त देने काल (पतित और पतितव्य) वर्तमान के अधीन है। वर्तमान को न मानने पर भूत भविष्य भी सिद्ध नहीं होते।

द्वि.अ.आ.1 सूत्र 41

सूत्र:- नातीतानागतयोरितरेदरापेक्षासिद्धि|

अर्थ: -यदि वर्तमान काल का लोप कर दें तो परस्पर सापेक्ष अतीत और अनागत की सिद्धि भी नहीं हो सकती। भूत अथवा भविष्य काल का लक्षण जानने हेतु हम सापेक्ष स्थिति ही बता सकते हैं।जैसे भविष्य भूत से भिन्न

स्थिति है।अर्थात् एक की सिद्धि में दूसरे की अपेक्षा। ऐसे स्थान में दो में से एक की भी सिद्धि नही हो सकती।।

द्वि.अ.आ.1 सूत्र 42

सूत्र:- वर्तमानाभावे सर्वाग्रहणम् प्रत्यक्षानुपपत्ते:।।42 ।।

अर्थ: -वर्तमान के अभाव में प्रत्यक्ष की अनुपपत्ति से सब अग्रहण हो जायेगा। इन्द्रिय और पदार्थ के संयोग से उत्पन्न ज्ञान को प्रत्यक्ष कहते हैं।अविद्यमान वस्तु प्रत्यक्ष का विषय नही हो सकती। वर्तमान का ग्रहण दो प्रकार से होता है। एक तो वस्तु की सत्ता से दूसरा क्रिया की प्रक्रिया से।

द्वि.अ.आ.1 सूत्र 43

सूत्र:- कृतताकर्त्तव्यतोपपत्तेस्तूभयथा ग्रहणम् ।।43 ।।

अर्थ: -. कृतता (क्रिया की पूर्णता),कर्तव्यता(करने की इच्छा),क्रियमाण (विद्यमानता)। कृतता और कर्तव्यता की उपपत्ति ,दोनो प्रकार से ही वर्तमान का ग्रहण होता है। वर्तमान कर्तव्यता व कृतता के मध्य की स्थिति है।

द्वि.अ.आ.1 सूत्र 44

सूत्र:- अत्यन्तप्रायैकदेशसाधर्म्यादुपमानासिद्धि|

अर्थ: -अत्यन्त समानता से 'उपमान' प्रमाण की सिद्धि नहीं कही जा सकती।बहुत साद्दश्यता या कुछ तुल्यता से भी उपमान की सिद्धि नहीं हो सकती। क्योंकि सब ही की सबसे उपमा नहीं दी जा सकती।

द्वि.अ.आ.1 सूत्र 45

सूत्र;- प्रसिद्धसाधर्म्यादुपमानसिद्धयेर्थोक्तदोषानुपपत्ति:|

अर्थ साध्य के सम्पूर्ण,प्रायः;और अल्पपन का आश्रय लेकर उपमान प्रमाण प्रवृत होता है,ऐसी बात नहीं है,किन्तु प्रसिद्ध समानता का आश्रय करके इसकी प्रवृत्ति होती है।जहॉ यह समान धर्म मिलता है वहॉ उपमान का निषेंध नहीं हो सकता,अतः उक्त दोष नहीं आता है।

द्वि.अ.आ.1 सूत्र 46

सूत्र:- प्रत्यक्षेणाप्रत्यक्षसिद्धे: |

अर्थ. प्रत्यक्ष से अप्रत्यक्ष का अनुमान होता है इसलिए अनुमान प्रमाण से अलग नहीं होता या कहें प्रत्यक्ष से ही अप्रत्यक्ष की सिद्धि होती है।जैसे धुऑ देखकर आग के होने की।

द्वि.अ.आ.1 सूत्र 47

सूत्र:- नाप्रत्यक्षे गवये प्रमाणार्थमुपमानस्य पश्याम इति |

अर्थ. जब कोई गाय के समान जानवर को देखता है और उसे यह ज्ञान होता है कि वह जानवर गवय है तो यह उपमान है। ऐसा अनुमान में नहीं होता अर्थात् अनुमान बिन देखे ही का पदार्थ होता है जैसे धुँआ दिखने पर आग के होने का अनुमान बिना आग देखे लगाते हैं।उपमान और अनुमान मे यही भेद है।दूसरा भेद यह है कि उपमान दूसरे के लिए ही काम आता है जबकि अनुमान अपने लिए भी।

प्र.अ.आ.1 सूत्र 48

सूत्र:- तथेत्युपसंहारादुपमानसिद्धेर्न्राविशेष: |

अर्थ समान धर्म के उपसंहार से उपमान सिद्ध होता है।अनुमान में ऐसा नहीं होता।और यही दोनों की विशेषता है।

द्वि.अ.आ.1 सूत्र 49

सूत्र:- शब्दोऽनुमानमर्थस्यानुपलब्धेरनुमेयत्वात् |

अर्थ. शब्द अनुमान ही है,भिन्न प्रमाण नही है,क्योंकि शब्द का जो अर्थ है वह अनुमान के योग्य है ।ज्ञात शब्द से पीछे अज्ञात अर्थ का का ज्ञान होता है,इसलिए शब्द अनुमान ही होता है।

द्वि.अ.आ.1 सूत्र 50

सूत्र:- उपलब्धेरद्विप्रवृत्तिल्वात् |

अर्थ जो प्रमाण(शब्द) अनुमान से भिन्न होता तो ज्ञान की प्रवृत्ति दो प्रकार से नहीं होती।इससे भी यह सिद्ध है कि शब्द अनुमान ही है। प्रमाणान्तर में उपलब्धि दो प्रकार से होती है। उपमान में अनुमान से भिन्न प्रकार की होती है। यह कहा जा सकता है कि शब्द और अनुमान का फल एक ही प्रकार का होता है।

द्धि.अ.आ.1 सूत्र 51

सूत्र:- सम्बन्धाच्च।

अर्थ.:- शब्द और अर्थ के सम्बन्ध प्रसिद्ध होने में शब्द की उपलब्धि से अर्थ का ग्रहण होता है।सम्बन्ध का ज्ञान होने लेकिन भेद का ज्ञान न होने पर शब्द केवल अनुमान ही है।

द्धि.अ.आ.1 सूत्र 52

सूत्र:- आप्तोपदेशसामर्थ्याच्छब्दादर्थसंप्रत्यय:।

अर्थ. स्वर्ग,अप्सरा,उत्तर,कुरू(देश) और सप्तद्वीप इत्यादि अप्रत्यक्ष पदार्थों का ज्ञान केवल शब्दों से नहीं होता अपितु सत्य वक्ताओं का शब्द होने से इनका बोध होता है। लेकिन ऐसा अनुमान में नहीं है। अनुमान एवं शब्द में ज्ञान की प्रवृति का भेद है।

द्धि.अ.आ.1 सूत्र 53

सूत्र:- पूरणप्रदाहपाटनानुपलब्धेश्च सम्बन्धाभाव:।

अर्थ: - यदि शब्द के अर्थ के साथ व्याप्तिरूप सम्बन्ध होता तो शब्द के अनुरूप क्रिया सम्पन्न होती यथा अन्न शब्द के उच्चारण से क्षुधा शॉत हो जाती,अग्रि शब्द बोलने से जलन का आभास होता।पर ऐसा नहीं होता इससे यह सिद्ध होता है कि शब्द और उसकी अनुरूप क्रिया के अर्थ से कोई सम्बन्ध नहीं है।

द्धि.अ.आ.1 सूत्र 54

सूत्र:- शब्दार्थव्यवस्थानादप्रतिषेध:।

अर्थ: - शब्द से अर्थ के ग्रहण की व्यवस्था के देखने से व्यवस्था का कारण व शब्द और अर्थ के सम्बन्ध का अनुमान किया जाता है। अतः शब्द और अर्थ के सम्बन्ध का अर्जन नहीं हो सकता।

द्वि.अ.आ.1 सूत्र 55

सूत्र;- न सामयिकत्वाच्छब्दार्थसंप्रत्ययस्य।

अर्थशब्द और अर्थ की कोई की हुई व्यवस्था नही है पर संकेत इसका हेतु है।वाच्य और वाचक नियम के निश्चय को ही संकेत कहते हैं।इसके ज्ञान से शब्द के सुनने से अर्थ का बोध होता है।संकेत ज्ञान के अभाव में शब्द के सुनने से भी अर्थ का बोध नहीं होता। जैसे शिशु "पा" या "माम" या अन्य कोई शब्द संकेत के साथ बोलता है या हमे उसका आशय पता है तो हम मात्र इतना ही सुनने से समझ जाते हैं कि शिशु को पानी या भोजन या अन्य वस्तु चाहिए और हम उसे वह उपलब्ध कराते हैं।

द्वि.अ.आ.1 सूत्र 56

सूत्र:- जातिविशेषे चानियमात् ।

अर्थ शब्द और अर्थ का ज्ञान होना सामयिक है,स्वाभाविक नहीं। क्योंकि अलग अलग लोग यथा ऋषि,आर्य म्लेच्छ आदि अलग अलग सन्दर्भों में एक ही शब्द के अलग अलग अर्थ के ज्ञान के लिए

अलग अलग शब्दों का प्रयोग करते हैं।

द्वि.अ.आ.1 सूत्र 57

सूत्र:- तदप्रामीण्यमनृतव्याघातपुनरूक्तदोषेभ्यः।

अर्थ यदि दो बातें परस्पर विरुद्ध होने से बाधित हो उसे "व्याघात" दोष कहते हैं। जिस वाक्य का प्रत्यक्ष फल है उसमें भी झूठा फल देखा गया हो तो जिस वाक्य का फल अदृश्य है वह भी मिथ्या ही होगी।अपनी ही बात का खण्डन व्याघात दोष कहलाता है। अभ्यास हेतु पुनरूक्ति आवश्यक है पर व्यवहार में एक ही वाक्य कई बार दोहराना पागलपन है।इसे पुनरोक्त दोष

कहते हैं। अत: कहीं कहा गया कि तीन बार दोहराओ यह सही भी है और गलत भी ऐसी अवस्था में यह शब्द का अप्रमाण हुआ।।

द्वि.अ.आ.1 सूत्र 58

सूत्र:- न कर्मकर्तृसाधनवैगुण्यात्।

अर्थ कर्म,कर्ता,या साधन के वैगुण्य से यथेष्ट प्राप्त नहीं होता तो वेद या सिद्ध वाक्य का दोष नहीं है। जैसे यदि पुत्रेष्टि में कर्ता यदि मूर्ख या दुष्ट आचरण वाला हो,मिथ्या प्रयोग किया हो , सामग्री अच्छी न हो या मत्रों का न्यूनाधिक प्रयोग किया हो,स्वर या वर्ण से हीन पढे गये हों तो साधन वैगुण्य से फल प्राप्ति नहीं होगी तो इसमें पुत्रेष्टि का दोष नहीं है।।

द्वि.अ.आ.1 सूत्र 59

सूत्र:- अभ्यूपेत्यकालभेदे दोषवचनात्।

अर्थ: व्याघात दोष जो समय काल और परिस्थिति वश अपनी ही बात के खण्डन (वचनदोष)के कारण होता है, में जब हम एक बात को स्वीकार करलें तो उसका त्याग करना उचित नहीं है।

द्वि.अ.आ.1 सूत्र 60

सूत्र:- अनुवादोपपत्तेश्च।

अर्थ: अनुवाद की उपपत्ति होने से अनर्थक अभ्यास को पुनरूक्त कहते हैं,और सार्थक अभ्यास (प्रयोजन वाला अभ्यास)को अनुवाद कहते हैं। प्रयोजन सिद्धि हेतु बार बार किया गया अभ्यास में पुनरूक्त दोष नही होता।।

द्वि.अ.आ.1 सूत्र 61

वाक्यविभागस्य चार्थग्रहणात्।

अर्थ: जिस प्रकार लोग शब्दों का प्रमाण सार्थक मानते हैं उसी प्रकार वाक्य की विभक्ति के अनुवाद वाक्य को सार्थक रूप से ग्रहण किया जाता है। ब्राह्मण(ग्रंथ) में अनुवाद वाक्य प्रयोजन वाले माने जाते हैं।

द्वि.अ.आ.1 सूत्र 62

सूत्र विध्यर्थवादानुवादवचनविनियोगात्।

अर्थ: ब्राह्मण ग्रंथों मे वाक्य का तीन प्रकार से विनियोग होता है।प्रथम विधिवाक्य द्वितीय **अर्थ**वाद वाक्य तृतीय अनुवाद वाक्य।।

द्वि.अ.आ.1 सूत्र 63

सूत्र-विधिर्विधायक: ।।

अर्थ: आज्ञा करने वाले वाक्य को विधि वाक्य कहते हैं।यथा स्वर्ग चाहने वाला अग्निहोत्र करे।

द्वि.अ.आ.1 सूत्र 64

सूत्रः-स्तुतिर्निन्दा प्रकृति: पुराकल्प इत्यर्थवाद: ।

अर्थ: चार प्रकार का **अर्थ**वाद होता है , स्तुति,निन्दा,परकृतिऔर पुराकल्प। इनमें से विधि वाक्य के फल कहने से जो प्रशंसा है उसे स्तुति कहते हैं इससे प्रवृत्ति होती है। अनिष्ट फल कहने को निन्दा कहते हैं। जो वाक्य कर्मों में परस्पर विरोध दिखावे उसे परकृति कहते हैं।ऐतिह्य सहचरितविधि अर्थात् परंपरागत विधि को पुराकल्प कहते हैं।।

द्वि.अ.आ.1 सूत्र 65

सूत्रः- विधिविहितस्यानुवचनमनुवाद: ।

अर्थ: -विधि का अनुवचन और विधि से जो विधान किया गया है उसके अनुवचन को अनुवाद कहते हैं। अनुवाद भी दो तरह का होता है।एक अर्थानुवाद और दूसरा शब्दानुवाद।

द्वि.अ.आ.1 सूत्र 66

सूत्रः- नानुवादपुनरूक्तयोर्विशेष: शब्दाभ्यासोपपत्ते: ।।66 ।।

अर्थ न अनुवाद न ही पुनरीक्षण देने में ही कुछ विशेष नहीं है क्योंकि देने ही में चरितार्थ शब्द के अभ्यास की उपपत्ति है। कह हुए शब्द को बार बार पढ़ने से देने ही दोष युक्त है।

द्वि.अ.आ.1 सूत्र 67

सूत्रः- शीघ्रतरगमनोपदेशवदभ्यासान्नाविशेष: ।

अर्थ अर्थ वाले अभ्यास को अनुवाद और अर्थ रहित अभ्यास को पुनरूक्त कहते हैं दोनों में अन्तर या विशेषता यह है कि पुनरूक्त वाक्य शीघ्रता दर्शाता है।जैसे जाओ शब्द दो बार कहने का तात्पर्य होता है कि शीघ्र जाओ।। यहां पुनरूक्त भी सार्थक अभ्यास हो जाता है।

द्वि.अ.आ.1 सूत्र 68

सूत्रः- मन्त्रायुर्वेदप्रामाण्यवच्च तत्प्रामाण्यमाप्तप्रामाण्यात्।

अर्थमन्त्र (शब्द-शक्ति विशेष),और आयुर्वेद की प्रमाणकता की तरह ही वेद का भी प्रमाण होना (आप्त के प्रमाणत्व से) सिद्ध है।आप्त उन्हें कहते हैं जो दूसरे के हित कर्ता,प्राणी मात्र पर दया करने वाले तथा जीवों के हितार्थ ग्रहण करने या त्यागने वाले योग्य पदार्थो का उपदेश देते हैं। इससे मन्त्र और आयुर्वेद जो दृष्टफल करारी हैं उसी प्रकार आप्त प्रमाण से अदृष्टार्थक वाक्य का भी प्रमाण होना अनुमान से सिद्ध होता है।

आह्निक 2

द्वि.अ.आ.2 सूत्र 1

सूत्रः- न चतुष्ट्वमैतिह्यार्थापत्तिसंभवाऽभावप्रामाण्यात्।

अर्थ: - पूर्वोक्त चार प्रमाणों के अतिरिक्त ऐतिह्य,अर्थापत्ति,संभव,और अभाव ये चार मिलकर आठ प्रमाण है।

द्वि.अ.आ.2 सूत्र 2

सूत्र:-
शब्दैतिह्यानर्थान्तरभावादनुमानेऽर्थापत्तिसंभवाभावानर्थान्तरभावाच्चाप्रतिषे
ध:।

अर्थ: -ऐतिह्य आदि प्रमाण तो है पर चार प्रमाणो (प्रत्यक्ष, अनुमान, उपमान और शब्द) से अलग नही है।अर्थान्तर,भाव के अनुमान,अर्थ आपत्ति,संविधान के **अर्थ**शास्त्र भाव से हम इसका प्रत्येक नही कर सकते।

द्वि.अ.आ.2 सूत्र 3

सूत्र:- अर्थापत्तिरप्रमाणमनैकान्तिकत्वात्।

अर्थअर्थशास्त्र प्रमाण नही हो सकती जैसे कहा जाये कि बिना नेक वर्षा नही होती इससे यह सिद्ध हुआ कि मेघ के होने पर वर्षा होती है,पर कभी कभी नेक के होने पर भी वर्षा नहीं होती।

द्वि.अ.आ.2 सूत्र 4

सूत्र:- अनर्थापत्तावर्थापत्त्यभिमानात्।

अर्थअनर्थापत्ति में अर्थापत्ति के अभिमान का खण्डन किया गया है। अर्थापत्ति का प्रमेय तो इतना ही है कि कारण के विद्यमान रहने से कार्य होता है,लेकिन आवश्यक नहीं है, बादल होने पर भी कभी कभी बरसात नहीं होती।

द्वि.अ.आ.2 सूत्र 5

सूत्र:- प्रतिषेधाप्रामाण्यं चानैकान्तिकत्वात्।

अर्थ: - अर्थापत्ति प्रमाण नही है क्योंकि इसमें व्यभिचार होता है,इस प्रकार निषेध किया गया है।इससे अर्थापत्ति के प्रमाण होने का खण्डन होता है,न कि अर्थापत्ति की सत्ता का।इससे यह खंडन भी अनैकान्तिक(दोषयुक्त) हुआ तो अप्रमाणिक से किसी वस्तु का खण्डन नहीं हो सकता,क्योंकि जो स्वयं अप्रमाण है वह दूसरे का खण्डन कैसे कर सकता है।

द्वि.अ.आ.2 सूत्र 6

सूत्र:- तत्प्रामाण्ये वा नार्थापत्त्यप्रामाण्यम्।

अर्थ(प्रतिषेध की प्रमाणता मानने पर अर्थापत्ति का भी अप्रमाण सिद्ध नहीं हो सकता) कारण की विद्यमानता में कार्य के होने से अर्थापत्ति का विषय भी अव्यभिचार है। या यह कहा जा सकता है कि व्यभिचार आने पर भी यदि निषेध को प्रमाण मानना पड़े तो अर्थापत्ति प्रमाण क्यों नहीं हो सकती।

द्वि.अ.आ.2 सूत्र 7

सूत्र:- नाभाव प्रामाण्यं प्रमेय सिद्धे:।

अर्थ: -प्रमेय के सिद्ध या प्रसिद्ध होने से अभाव का प्रमाण होना नहीं हो सकता, क्योंकि जिसका प्रमेय सिद्ध नहीं है वह किस का प्रमाण होगा।

द्वि.अ.आ.2 सूत्र 8

सूत्र:- लक्षितेष्वलक्षणलक्षितत्वादलक्षितानां तत्प्रमेयसिद्धे: ।।8 ।

अर्थप्रमेय सिद्ध होने से अभाव प्रमाण है। लक्षित के लक्षण अथवा अलक्षण (लक्षण का अभाव) से जो ज्ञान हुआ वह ज्ञान का हेतु होने से प्रमाण कहलाता है। जैसे कहा जाये कि वहाँ कुछ लिफाफे पड़े है उनमें से जिस पर कुछ ना लिखा हो वह ले आओ।तो कुछ न लिखा जाना ही उसकी पहचान या प्रमाण हो गया।।

द्वि.अ.आ.2 सूत्र 9

सूत्र:- असत्यर्थे नाभाव इति चेदनानयलक्षणोपपत्ते:।

अर्थजहां पहले कुछ हो फिर कुछ न हो उसको अभाव कहते हैं।अलक्षितों में लक्षण के न रहने को देखकर भी वस्तु को जाना जा सकता है।

द्वि.अ.आ.2 सूत्र 10

सूत्र:- तत्सिद्धेरलक्षितेष्वहेतु: ।।10।।

अर्थ लक्षितों में लक्षण का विद्यमान होना उसके हेतु को सिद्ध करता है।क्योंकि जो विद्यमान है उसका अभाव नहीं कहा जा सकता।

द्वि.अ.आ.2 सूत्र 11

सूत्र:- न लक्षणावस्थितापेक्षासिद्धे: ।11।।

अर्थ जिसमें लक्षण का अभाव है हम उसे लक्षणाभाव से भी जान सकते हैं जैसे विषहीन सर्प। सामान्यतः सर्प को विष के विद्यमान होने के भाव से विषधर की संज्ञा दी जाती है।

द्वि.अ.आ.2 सूत्र 12

सूत्र ;= प्रागुत्पत्तेरभावोपपत्तेश्च|

भाव०> अभाव दो प्रकार का होता है एक उत्पन्न होने से पहले दूसरे उत्पन्न वस्तु के नष्ट होने से शब्द को प्रमाण होने से आप्तोपदेश विशेषण दिया गया है । अर्थात् जो यथार्थ वक्ता का शब्द है वह प्रमाण है।

द्वि.अ.आ.2 सूत्र 13

सूत्र := आदिमत्त्वा दैन्द्रियकत्वात्कृतकलदुपचाराच्च|

भां० > आदि नाम कारण का है ,जो कारण युक्त है वह अनित्य है ।।

द्वि.अ.आ.2 सूत्र 13 क्रमशः-

व्यञ्यकस्य तथाभावाद्ग्रहणस्य तीव्रमन्दतारुपवदितिचेन् अभिभवोपपत्ते:।।

अभिभवानुपपत्तिश्च व्यञ्जक समान देशाभिव्यक्तौप्राप्यभावात्।।

अप्राप्तेऽभिभव इति चेच् छब्दमात्राभिभव प्रसंग।।

अर्थ: -व्यञ्जक के अभाव में व्यंग्य (प्रकट होने वाली चीज)भी नहीं रहता ढोल और दण्ड से शब्द प्रकट हुआ लेकिन यदि श्रोता दूर है तो उसे वह नहीं सुनाई देगा साथ ही कुछ ही समय में वह शब्द भी सुनाई नहीं देगा अत: शब्द अनित्य हुआ। कृतकवत् उपचार से भी यही सिद्ध होता है कि

शब्द की उत्पत्ति होती है न कि अभिव्यक्ति । शब्द तीव्र या मन्द हो सकता है तीव्र शब्द मन्द स्वर को दबा देता है ।जब शब्द की परम्परा उत्पन्न होती है तो कुछ अनुपपत्ति नहीं होती ,यह सिद्धांत मान लिया जाता है।।

द्वि.अ.आ.2 सूत्र 14

न घटाभावसामान्यनित्यत्वान्नित्वेष्वप्यनित्यवदुपचाराच्च।14।।

अर्थ:घट के अभाव की नित्यतासे और नित्यों में भी अनित्य के तुल्य उपचार होने से व्यभिचार आ जाता है ।केवल कारण वाला होने से शब्द अनित्य नहीं है ।

द्वि.अ.आ.2 सूत्र 15

तत्त्वभाक्तयोर्नानात्वविभागाद्व्यभिचारः।

अर्थ विवेक द्वारा पारम्परिक और गौण के भेद सै दोष नहीं आता।नित्य वही है जिसकी कभी उत्पत्ति और विनाश न हो।

द्वि.अ.आ.2 सूत्र 16

सूत्र:- सन्तानानुमानविशेगणात्।

अर्थ :-शब्द का ज्ञान इन्द्रियों के संयोग से होता है,और संयोगों की पुनरावृत्ति से एक शब्द से दूसरा दूसरे से तीसरा ।

द्वि.अ.आ.2 सूत्र 17

सूत्र = कारणद्रव्यस्य प्रदेशशब्देनाभिधानात् नित्येष्वप्यव्यभिचारइति।

अर्थ,:= कारण द्रव्य का प्रदेश शब्द से कथन होने के कारण नित्यों में भी व्यभिचार नही हो सकता। जो वस्तु कहीं हो और कहीं नहीं,उसे अव्याप्यवृति कहते हैं । परिच्छिन्न द्रव्य आकाश या प्रदेश जितना व्यापक नहीं हो सकता ।

द्वि.अ.आ.2 सूत्र 18

सूत्र:- प्रागुच्चारणादनुपलब्धेरावरूणाद्यनुपलब्धेश्च।

अर्थ: - उच्चारण करने से पहले शब्द का कोई अस्तित्व नहीं होता है। यदि यह कहा जाये कि वह आवरित रहने के कारण सुनाई नहीं देने से अनुपलब्ध होता है,तो यह भी सही नहीं है।शब्द उच्चारण व सुनाई देने के बीच ही उपलब्ध होता है इस कारण भी शब्द नित्य न होकर अनित्य ही है ।।

द्वि.अ.आ.2 सूत्र 19

सूत्र:- तदनुपलब्धेरनुपलम्भादावरणोपपत्तिः।

अर्थ: - अनुपलम्भ अर्थात् अज्ञान ।वह जो उपलब्ध नहीं है अर्थात् अनुपलब्धि के अभाव में आवरण का निषेध नहीं हो सकता ।तथापि आवरण के ज्ञान की तरह अज्ञान का भी प्रत्यक्ष होना आवश्यक है । प्रत्यक्ष न होने से आवरण का होना सिद्ध होता है ।

द्वि.अ.आ.2 सूत्र 20

सूत्र:- अनुपलम्भादप्यनुपलब्धिसद्भावान्नावरणानुपपत्तिरनुपलम्भात्।

अर्थ: - आवरण की उपलब्धि नहीं भी हो तथापि आवरण का भाव तो रहता ही है ।

द्वि.अ.आ.2 सूत्र 21

सूत्र:- अनुपलम्भात्मकत्वादनुपलब्धेर हेतुः ।

अर्थ जो ज्ञान का विषय होता है वह है और जिसका ज्ञान नही होता वह नहीं है ,यह सिद्धांत है ।अनुपलब्धि उपलब्धि का अभाव है।आवरण भावरूप पदार्थ है । आवरण की उपलब्धि होनी चाहिए पर कभी नही होती । जैसे आकाश का स्पर्श संभव नहीं पर वह नित्य हैं ।

द्वि.अ.आ.2 सूत्र 22

सूत्र:- अस्पर्शत्वात्।

अर्थ :-आकाश की भाँति ही शब्द का स्पर्श नहीं होता परन्तु ये दोनो ही नित्य हैं । पर साध्य व साधर्म्य के अनुसार स्पर्श होने न होने पर भी क्रिया या पदार्थ अनित्य या नित्य हो सकता है । जैसे:-

द्वि.अ.आ.2 सूत्र 23

सूत्र:- न कर्मानित्यत्वात ।

अर्थ कर्म अथवा क्रिया का स्पर्श नहीं होता पर वह नित्य नहीं अनित्य है। पर व्यभिचारी पर भी क्रिया का अस्पर्शत्व हेतु ठीक नहीं है।

द्वि.अ.आ.2 सूत्र 24

सूत्र:- नाणुनित्यत्वात् ।

अर्थ परमाणु का स्पर्श होता है पर वह नित्य है। इस प्रकार अस्पर्शत्व हेतु से शब्द का नित्यत्व सिद्ध नहीं हो सकता है । इन उदाहरणों से सिद्ध होता है कि यह कोई नियम नहीं है कि जिसका स्पर्श न हो वह नित्य ही हो।।

द्वि.अ.आ.2 सूत्र 25

सूत्र:- सम्प्रदानात्।

अर्थ चूंकि शब्द का सम्प्रदान होता है इसलिए शब्द नित्य है।क्योंकि जो चीज दी जाती है वह पहले से विद्यमान होती है ।आचार्य शिष्य को शब्द देता है अर्थात् पढ़ाता है इसलिए यह मानना ही पड़ेगा कि शब्द पहले से विद्यमान है अत:नित्य है ।।

द्वि.अ.आ.2 सूत्र 26

सूत्र:- तदन्तरालानुपलब्धेरहेतुः ।

अर्थ सामान्यतः जब कोई वस्तु प्रदान की जाती है तो वह देने वाले से अलग होकर लेने वाले के पास पहुँच जाती है ।पर शब्द के मामले में ऐसा नहीं होता।अतः यह कह सकते हैं कि देने और लेने वाले के बीच में शब्द

की भौतिक उपलब्धि नहीं होती है । पर उसकी उपलब्धता माननी पड़ती है ।

प्र.अ.आ. 2 सूत्र 27

सूत्र:- अध्यापनाद्प्रतिषेध: |

अर्थ पढ़ाये जाने से खण्डन नहीं हो सकता। यदि सम्प्रदान नहीं होता तो पढ़ना नहीं बन सकता इसलिए शब्द का देना स्वीकार करना चाहिए । सन्देह की निवृति नहीं होने से दोनो पक्षों में पढ़ाना समान है । क्या उपदिष्ट शब्द शिष्य में पहुँचता है। यह नृत्य के समान हाव भाव का अनुसरण कर प्राप्त किया जाता है ।शिष्य गुरू को जैसा शब्द बोलते देखता है उसी प्रकार उसका उच्चारण करता है ।इसलिए पढ़ाना सम्प्रदान का हेतु नहीं हो सकता है ।

प्र.अ.आ. 2 सूत्र 28

सूत्र:- अभ्यासात्|

अर्थ :-अभ्यास से तात्पर्य है किसी भी क्रिया का बार बार दोहराव। शब्द के परिपेक्ष्य में स्थित शब्द का बार बार उच्चारण ही अभ्यास है ।।

प्र.अ.आ. 2 सूत्र 29

सूत्र:- नान्यत्वेऽप्यभ्यासस्योपचारात्|

अर्थ: - क्रियाऐं अलग अलग हो सकती है पर सब में अभ्यास ही उपचार है ।जैसे तीन बार नाचो,पॉच बार शब्द या वाक्य दोहराओ या तीन बार होम करो।।

प्र.अ.आ. 2 सूत्र 30

सूत्र:- अन्यदन्यस्म दनन्यत्वादनन्यदित्यन्यताभाव: ।।

अर्थ: - जिसको अन्य कहते हैं वह अपने साथ अनन्य होने से अनन्य अन्य नहीं हो सकता अतएव अन्यताका या अन्यत्व का अभाव हुआ।

प्र.अ.आ. 2 सूत्र 31

सूत्र:- तदभावे नास्तयनन्यता तयोरितरेतरापेक्षसिद्धे:।

अर्थअन्य का अभाव मानने से अनन्यता भी नहीं बनेगी क्योंकि इन दोनो की सिद्धि परस्पर सापेक्ष है । अनन्य समस्त पद होने का आशय यह हुआ कि जो अन्य नहीं है वह अनन्य कहाता है ।

प्र.अ.आ. 2 सूत्र 32

सूत्र:- विनाशकारणानुपलब्धे:।

अर्थशब्द के नाश का कोई कारण न होने के कारण शब्द नित्य है। ०

प्र.अ.आ. 2 सूत्र 33

सूत्र:- अश्रवणकारणानुपलब्धे: सततश्रवणप्रसङ्ग:।

अर्थ :-जिस प्रकार नाश के कारण की अनुपलब्धता से नाश का अभाव सिद्ध होता है,उसी प्रकार न सुनने के कारण के अभाव में सर्वदा श्रवण का प्रसंग हो जायेगा। अर्थात जब शब्द के न सुनाई देने का कोई कारण दृष्टि में न आता हो तो इसका श्रवण सर्वदा होना चाहिए,क्योंकि शब्द नित्य है ।

प्र.अ.आ. 2 सूत्र 34

सूत्र:- उपलभ्यमाने चानुपलब्धेरसत्त्वादनपदेश:।

अर्थ: - शब्द के नाश का कारण अनुमान से जाना जाने के कारण अनुपलब्धि नहीं हो सकती।शब्द किसी वस्तु के संयोग या विभाग से उत्पन्न होता है इसी से दूसरा फिर तीसरा शब्द उत्पन्न होता है । कार्य शब्द कारण शब्द का प्रतिबंधक होता है और इसी प्रकार प्रतिघातक द्रव्य का संयोग पिछले शब्द को रोकने वाला होता है ।सुनने के भेद से अनेक शब्द लगातार सुन पड़ता है।पर यह बात नित्य शब्द मे नहीं घटती। जब शब्द अनित्य माना जाता है तब घंटे में स्थित शब्द लगातार वृति संयोग का सहायक अन्य

संस्कारानुसार तेज या मन्द होता है ।संस्कार की आवृति (शीघ्रता या मन्दता) से शब्द का तेज या धीमापन होता है और इसी कारण सुनने मे भेद होता है ।।

प्र.अ.आ. 2 सूत्र 35

सूत्र :- पाणीनिमित्तप्रश्लेषाच्छब्दाभावे नानुपलब्धि।

अर्थ: - प्रतिघातक द्रव्य का संयोग शब्द के दूसरे निमित्त संस्कार को रोकता है,उससे संस्कार रूप अन्य निमित्त को अनुपलब्धि नहीं होती है। जैसे घंटा बजाओ और उसी समय उस मे हाथ लगा दो तब शब्द लगातार उत्पन्न नहीं होता इसी विच्छेद के कारण शब्द सुनाई नहीं देता।

प्र.अ.आ. 2 सूत्र 36

सूत्र;- विनाशकारणानुपलब्धेश्चावस्थाने तन्नित्यत्व प्रसङ्गः ।

अर्थजिसके विनाश का कारण उपलब्ध न हो वह स्थित है इससे उसके अनित्यत्व का प्रसङ्ग होता हैं ।जैसे शब्द के न सुनाई देने का कोई कारण प्रतीत नहीं हो तो शब्द नित्य होने के कारण इसका सर्वदा श्रवण होना चाहिए ।।

प्र.अ.आ. 2 सूत्र 37

सूत्र:- अस्पर्शत्वादप्रतिषेध:।

अर्थ: - शब्द स्पर्शवान नहीं होता है ।रूप रस आदि गुणों के समान शब्द के आश्रय का ग्रहण नहीं होता .शब्द परम्परा की उपपत्ति के लिए स्पर्श रहित द्रव्य शब्द का आधार है ऐसा माना जाता है ।

प्र.अ.आ. 2 सूत्र 38

सूत्र:- विभक्त्यन्तरोपपत्तेश्च समासे।

अर्थ: - रूप,रस आदि गुण एक द्रव्य मे एक जैसे ही प्रतीत होते हैं परन्तु शब्द एक ही द्रव्य में अनेक प्रकार का सुन पड़ता है।श्रुति वाले एक शब्द के ही कई रूप यथा मन्द,तीव्र भिन्न भिन्न सुनाई देते हैं ।शब्द की यदि एक ही अभिव्यक्ति होती तो उक्त विभक्ति नहीं होती।शब्द का आधार आकाश है।शब्द के दो रूप हैं ।एक वर्ण रूप दूसरा ध्वनि रूप।।

प्र.अ.आ. 2 सूत्र 39

सूत्र :-विकारादेशोपदेशात्संशय:।

*विकारोपदेशे ह्यन्वयस्याग्रहणाद्विकारानुमानम्।

*भिन्नकरणयोश्च वर्णयोरप्रयोगे प्रयोगोपपत्ति:।

*अविकारे चाविशेष:।

*प्रयुज्यमानाग्रहणाच्च।

*अविकारे च न शब्दान्वाख्यानलोप:।

*वर्णसमुदायविकारानुपपत्तिवच्चवर्णविकारानुपपत्ति: ।

अर्थ: - वर्ण-रूप शब्द प्रकार में विकार और आदेश में संशय होता है। इ कार आदि के स्थान पर य कार आदि होने का उपदेश किया गया है।या यह कह सकते हैं कि इ कार इकारभाव को छोड कर यकारत्व को प्राप्त होता है । अर्थात् इ कार का विकार य कार है।कोई यह भी कह सकता है कि यह विकार नहीं है अपितु आदेश(व्याकरण का नियम) है ।उक्त दो प्रकार के मतो से यह संशय होता है दोनो में ठीक या तत्व क्या है।(विकार या आदेश)।

द्रव्य के मूल स्वरूप के नष्ट होने या अन्य कार्य रूप पदार्थ के उत्पन्न होने को विकार कहते हैं ।जैसे बीज कारण के स्वरूप नाश होने पर वृक्ष कार्यरूप परिवर्तन को विकार कहते हैं । ठीक वैसे ही दूध का दही रूप में परिवर्तन।चूंकि यह प्राकृतिक परिवर्तन है अत: इसे विकार के स्थान पर आदेश मानना ही ठीक है। विकार में कुछ निवृत हो कर और कुछ उत्पन्न होता है। इ कार से य कार उत्पन्न नहीं होता यह बोलने वाले की इच्छा पर

निर्भर करता है कि वह इ कार बोले या य कार का प्रयोग करे।इसमें कारण कार्य भाव सम्बन्ध नहीं है । कोई वर्ण किसी अन्य वर्ण का विकार नहीं होता।वस्तुतः एक के स्थान पर दूसरे का प्रयोग मात्र किया जाता है।

प्र.अ.आ. 2 सूत्र 40
सूत्र:- प्रकृतिविवृद्धौ विकारवृद्धेः।

अर्थ प्रकृति की वृद्धि के अनुरूप विकारवृद्धि होती है। ह्रस्व इकार व दीर्घ इकीर दोनो का एक समान यकार होता है।इनमें कोई भेद दृष्टिगोचर नही होने से विकार पक्ष ठीक नहीं है

प्र.अ.आ. 2 सूत्र 41
सूत्र:- न्यूनसमाधिकोपलब्धेर्विकाराणामहेतुः।

प्रतिदृष्टान्ते चाऽनियमः प्रसज्येत।

अर्थ: वर्ण के विकार न्यून सम और अधिक देखने में आते हैं जैसे अधिक रूई के परिमाप से सूत के कम परिमाप का होना व्यून विकार।छोटे से बरगद के बीज से बडा वट वृक्ष होना अधिविकार तथा सोने के वजन के बराबर आभूषण बनना सम विकार कहलाता हैं ।

प्र.अ.आ. 2 सूत्र 42
सूत्र:- नातुल्यप्रकृतीनां विकारविकल्पात्।

अर्थप्रकृति के भेद से विकार में भेद होता है ।प्रकृति के विभिन्न विकारों में विभिन्न विलक्षणता होती है । यकार प्रकृति का अनुसरण नहीं करता है तथा द्रव्य के विकार दृष्टान्त नहीं हो सकते हैं ।

प्र.अ.आ. 2 सूत्र 43
सूत्र:- द्रव्यविकारे वैषम्यवद् वर्णविकारविकल्पः।

अर्थद्रव्य विकार की विषमता की तरह वर्ण विकार की विलक्षणता हो जाती है।अर्थात् द्रव्य व वर्णत्व रूप से समान प्रकृतियों के विकार भी विलक्षण (भिन्न भिन्न) हो जाते हैं।

प्र.अ.आ. 2 सूत्र 44

सूत्र:- न विकारधर्मानुपपत्ते: ।

अर्थ: - विकार धर्म के सिद्ध नही होने से य कार ,इ कार का विकार नहीं हो सकता। विकार तभी होगा जब द्रव्य समान होने पर भी उसकी प्रवृति या प्रकृति में अन्तर हो।गाडी में बैल के स्थान पर घोडा लगाया जा सकता है पर वह बैल का विकार नहीं हो जाता उसमें विकार का धर्म नहीं होने से वर्ण विकार वही हो सकता है ।

प्र.अ.आ. 2 सूत्र 45

सूत्र :-विकारप्राप्तानामपुनरापत्ते|

अर्थ: - विकार भाव को पाने वालों की पुनरावृत्ति नहीं होती है,पर इ कार य भाव को पाकर पुन: इ कार हो जाता है ।

प्र.अ.आ. 2 सूत्र 46

सूत्र:- सुवर्णादीनां पुनरापत्तेरहेतु|

*तद्विकाराणां सुवर्णभावाव्यतिरेकात्।

*वर्णत्वाव्यतिरेकाद्वर्णविकाराणामप्रतिषेध: ।

*सामान्यवतो धर्मयोगो न सामान्यस्य।

अर्थ :- स्वर्ण आदि द्रव्यों की पुनरावृत्ति होती है।यथा सोने से निर्मित कुण्डल से पुन: कंगन आदि बनाये जाकर उसे पुन: सोने के रूप मे ढाला जा सकता है । पर शब्द के साथ ऐसा नही है जो नाश होने वाले इ भाव और उत्पन्न होने वाले य भाव से संयुक्त हो सके इसके लिए सोने का उदाहरण उपयुक्त नहीं है ।पुन: यह शंका हो सकती है कि जैसे स्वर्ण के विकार उसका सोनापन नहीं छोडते उसी प्रकार वर्ण के विकार भी वर्ण भाव को नहीं छोडते हैं ।आभूषण स्वर्ण के धर्म हैं सोने पन कें नहीं । इ कार ,य कार किस वर्ण के

धर्म हैं? यदि कहा जाये वर्ण भाव के तो वर्ण भाव स्वयं आप रूप होने के कारण यह कहना उचित नहीं है । इसीलिए इ कार ,य कार वर्ण के धर्म नहीं हो सकते।निवृत होने वाला धर्म उत्पन्न होने वाले धर्म की प्रकृति का कैसे हो सकता है ।

प्र.अ.आ. 2 सूत्र 47

सूत्र:- नित्यत्वे $धिकरादनित्यत्वे चानवस्थात् ।

अर्थ: - वर्ण नित्य है। इ कार व य कार दोनो ही वर्ण है। वर्ण के नित्यत्व के कारण इनमे विकार की उप्पत्ति नहीं हो सकती।यदि इन्हे(इ कार व य कार) को अनित्य माना जाय तो विनाशी होने के कारण कौन किसका विकार होगा? अनित्य होने पर इ कार कीस उत्पत्ति हो के नष्ट होने पर य कार उत्पन्न होता है ।इसी प्रकार य कार की उत्पत्ति हो के नष्ट होने पर इ कार उत्पन्न होता है ।यह तब होता है जब अवग्रह (एक पद का उच्चारण कर कुछ ठहर करके दूसरे पद का उच्चारण करना) कर के संधि या या संधि के बाद अवग्रह करते हैं ।

प्र.अ.आ. 2 सूत्र 48

सूत्र:- नित्यानामतीन्द्रीयत्वात्तद्धर्मविकल्पाच्चवर्णविकाराणामप्रतिषेध: ।

अर्थ :- नित्यत्व पक्ष में शंका करने वाला उत्तर देता है कि नित्य होकर पदार्थ इन्द्रिय के विषय नहीं होते हैं । जैसे आकाश,गोत्व उसी प्रकार कोई नित्य पदार्थ विकार युक्त नही होता।जबकि वर्ण तो विकार भाव को प्राप्त होता है। इसका आशय है कि सब नित्य पदार्थ एक से नहीं होते,उनमें भी भेद होते हैं । वर्ण नित्य होते हुए भी उनमें विकार भी होता है ।

प्र.अ.आ. 2 सूत्र 49

सूत्र:- अनवस्थायित्वे च वर्णोपलब्धिवत्तद्विकारोपपत्ति: ।

अर्थअर्थ से सम्बन्ध रहित होने से अर्थ की प्रतिपादिका वर्णो की उपलब्धि होने पर भी अर्थ प्रतिपादन में असमर्थ होती है।   किन्तु विकांर के साथ सम्बन्ध रहित होने पर भी वह असमर्थ नही होती जिससे कि वर्ण की

उपलब्धि वर्ण विकारत्व को सिद्ध करे। अर्थात अस्थिर वर्ण के श्रवण की भांति स्थिर वर्णो की उपपत्ति हो जायेगी।

प्र.अ.आ. 2 सूत्र 50

सूत्र:- विकारधर्मित्वे नित्यत्वाभावात् कालान्तरे विकारोपपत्तेश्चाप्रतिषेध:।

अर्थ-नित्यत्व के अभाव के कारण विकारी पदार्थ कालान्तर मे नित्य दृष्टय नहीं होता इसीलिए वर्ण की उपलब्धि की भॉति इसका खण्डन ठीक नहीं है।

प्र.अ.आ. 2 सूत्र 51

सूत्र:- प्रकृत्यनियमाद्वर्णविकाराणाम्।

अर्थ प्रकृति के नियमानुसार ही वर्ण विकार होता है। या कह सकते हैं कि विकार भाव में प्रकृति का नियम ही जान पड़ता है। "व्यध"प्रकृति है इससे य कार का इ कार होता है। यही इ कार का विध्यति उदाहरण है।

प्र.अ.आ. 2 सूत्र 52

सूत्र:- अनियमे नियमान्नानियम: ।

अर्थ: -अनियम के नियम होने से अनियम नहीं हो सकता।प्रकृति का अनियम नियत विषय के साथ व्यवस्थित रहता है।इसीलिए विकार भाव में प्रकृति का नियम दृष्टिगोचर होता है।

प्र.अ.आ. 2 सूत्र 53

सूत्र:- नियमानियमविरोधादनियमे नियमाच्चाप्रतिषेध: ।

अर्थ-नियम और अनियम का परस्पर विरोध है,इसलिए अनियम मे नियम होने को प्रतिषेध कहना उचित नहीं है,क्योंकि अनियम नियम का अभाव ही कहलाता है।वर्ण विकार की उपपत्ति वर्णो के प्रकृति विकार – भाव का खण्डन कर अपने पक्ष में उसका उपयोग है।

प्र.अ.आ. 2 सूत्र 54

सूत्र:- गुणान्तरापत्त्युपमर्दह्रासवृद्धिलेशश्लेषेभ्यस्तुविकारोपपत्तेर्वर्णविकारा: ।

अर्थ "गुणान्तरापत्ति" एक धर्म के रहते दूसरे धर्म की उत्पत्ति को कहते हैं ।"उपमर्द" एक रूप की निवृत्ति होकर अन्य रूप की उत्पत्ति को कहते हैं ।दीर्घ का ह्रस्व हो जाना ह्रास व ह्रस्व का दीर्घ या ह्रस्व का दीर्घ के स्थान में प्लुप्त होना " वृद्धि " कहलाता है।लेश का अर्थ लाघव है व प्रकृति या प्रत्यय का आगम " श्लेष " कहलाता है।यथा अर्च की प्रकृति मे न का आगम होने से आनर्च होता है। यहाॅ न कार का आगम हुआ जो अर्च की प्रकृति मे नही था। "अस" के स्थान में ,"भू" आदेश होता है और " अस" का "स्त" विकार होता है।"वभूविथ" में थ प्रत्यय है।और इकार का आगम होने से"इथ" हो गया।इन्हीं गुणान्तरापत्ति आदि धर्मो को विकार कहते हैं। यह ही "आदेश" और " आगम" है।

प्र.अ.आ. 2 सूत्र 55

सूत्र:- ते विभक्त्यन्ता: पदम्।

अर्थ वर्णों के अन्त में विभक्ति होने से इनका नाम पद होता है ।विभक्ति दो प्रकार की होती है एक नामिकी व दूसरी आख्यातिकी। संज्ञा को नामिकी कहते हैं व विभक्ति के रूप मे जो धातु के आगे आती है, उसे आख्यातिकी कहते हैं।

प्र.अ.आ. 2 सूत्र 56

सूत्र:- तदर्थे व्यक्त्याकृतिजातिसन्निधावुपचारात्संशय: ।

अर्थ: - पद के अर्थ में व्यक्ति,आकृति व जाति इनके सन्निधान होने से संशय होता है कि तीनो मे से कोई एक पद है या ये सभी पद हैं ।

प्र.अ.आ. 2 सूत्र 57

सूत्र:-
याशब्दसमूहत्यागपरिग्रहसंख्यावृद्ध्युपचयवर्णसमासानुबंधनांव्यक्तावुपचा
राद्व्यक्ति: |

अर्थ: - व्यक्ति पदार्थ है।जाति अमूर्त पदार्थ है।संख्यात्मक पदार्थ द्रव्य होता है।परिग्रह वस्तु के संबंध से द्रव्य के संबंध का भेद हो सकता है।वृद्धि द्रव्य के अवयव की होती है।वर्ण का योग भी द्रव्य का ही होता है जाति का नही ।समास का संबंध भी द्रव्य का होता है जाति का नही।अनुबंध पद की शक्ति व्यक्ति में सिद्ध होती है जाति में नहीं । पद की शक्ति व्यक्ति व द्रव्य मे होने से कभी कभी दोनो का एक अर्थ माना जाता है।यथा गौ की स्थिति (बैठा होना या खडा़ होना) जाति के नहीं व्यक्ति बोधक हैं। संख्या के साथ गौ यथा दस बीस या गायों का समूह द्रव्य बो धक है।ब्राह्मण या राजा की गाय संबंध भेद है। वर्ण यथा काली गाय पीली गाय सफेद गाय द्रव्य का हो सकता है, जाति का नही । गौ हित गौ सुख आगि समास का द्रव्य से संबंधित होता है। अनुबंध यथा एक रूप संतान उत्पन्न करना। गाय गौवंश को जन्म देती है। ये सब व्यवहार व्यक्ति मेंदेख पड़ते हैं।इससे पद की शक्ति व्यक्ति में सिद्ध होती है।

प्र.अ.आ. 2 सूत्र 58

सूत्र:- न तदनवस्थानात्|

अर्थ: - उपरोक्त पद की शक्ति व्यक्ति में सिद्ध होने न कि जाति मे जिसमे व्यक्ति ऐर द्रव्य दोनो का एक ही अर्थ माना गया है, के प्रतिषेध में कहा जीता है कि कदाचित अनवस्थित होने से पद की अर्थ व्यक्ति नहीं है। गाय का खड़ा होना बैठा होना इत्यादि वाक्यों में जाति को छोड कर केवल व्यक्ति नहीं अपितु जाति सहित व्यक्ति की अवधारणा है।जब व्यक्ति पद का अर्थ नहीं है,तो उसमे व्यवहार कैसे हो सकता है।

प्र.अ.आ. 2 सूत्र 59

 सूत्र:-सहचरणस्थानतादर्थ्यवृत्तमानधारणसामीप्ययोगसाधनाधियत्येभ्यो ब्राह्मणमञ्चकटराजसक्तुचन्दनगडङ्गाशीटकान्रपुरूषेष्वतद्भावेऽपि तदुपचार: |

अर्थ: - सहचारी कारणो से तद्भावन रहते हुए भी व्यवहार होता है। जैसे किसी ने कहा "लाठियों को खिलाओ" या लाठी वाले को खिलाओ यहाँ लाठी के संग लाठी वाला एसा समझा जाता है। वृत-दण्ड रखने से राजा को यम कहना,अधिक द्रव्य वाला होने से " कुबेर" कहना। मान नापने के लिए जैसे मन भर सेर भर ।धारण करने से जैसे तराजू में रखे चन्दन को तुला चन्दन।इसी प्रकार सामीप्य से । योग से,साधन होने से,आधिपत्य से,सहचर या योग से व्यवहार होता हैआकृति पद की शक्ति है।अर्थात पद की शक्ति आकृति मे है इनका उपपादन कहते हैं ।

प्र.अ.आ. 2 सूत्र 60

सूत्र:- आकृतिस्तदपेक्षत्त्वात् सत्त्वव्यवस्थानसिद्धेः ।

अर्थ: - प्राणियों की व्यवस्था आकृति के अधीन होने से आकृति पद का अर्थ है ।जीवों के अंग प्रत्यंगों की नियत रचना को आकृति कहते है ।आकृतियों के ज्ञान से प्राणियों की व्यवस्था सिद्ध होती है जैसे यह गाय है वह घोड़ा है वह बैल है आदि।चूंकि आकृति के ज्ञान के बिना व्यवहार सिद्ध नहीं हो सकता अत: जिस ज्ञान(आकृति) से व्यवहार सिद्ध हो वही शब्द है और वही शब्द का अर्थ ।

प्र.अ.आ. 2 सूत्र 61

सूत्र:- व्यक्त्याकृतियुक्तेऽ प्यप्रसङ्ग्घात् प्रोक्षणादीनांमृन्दवके जाति: ।

अर्थ: - जाति पद का अर्थ है क्योंकि व्यक्त आकृति से युक्त प्रसंग या व्यवहार मे भी जाति न रहे तो बोध नहीं होता।इसलिए पद की शक्ति जाति में ही माननी चाहिए ।

प्र.अ.आ. 2 सूत्र 62

सूत्र:- नाकृकिव्यक्त्यपेक्षत्वाज्जात्यभिव्यक्ते: ।

अर्थ: - चूँकि जाति की अभिव्यक्ति " जाति" और "व्यक्ति" की अपेक्षा रखती है,अत: पद का अर्थ जाति नहीं हो सकता है।और चूंकि व्यक्ति और आकृति

का ज्ञान शुद्ध जाति मात्र का ज्ञान नहीं होता इसलिए जाति को पदार्थ भी नहीं माना जा सकता।

प्र.अ.आ. 2 सूत्र 63

सूत्र:- व्यक्त्याकृतिजातयस्तु पदार्थ : ।

अर्थ: - पदार्थ अर्थात् पद का अर्थ जो व्यक्ति, आकृति व जाति सब को मिला कर होता है। अत: इन तीनो (व्यक्ति,आकृति व जाति) में पद की शक्ति होती है।जब भेद की विवक्षा व विशेष ज्ञान अभीष्ट होता है, तो व्यक्ति प्रधान तथा जाति और आकृति अप्रधान (गौण) होती है। परंतु जब भेद की विवक्षा नही अपितु सामान्य का बोध अभीष्ट होता है,तो जाति प्रधान होती है और व्यक्ति व आकृति गौण।

प्र.अ.आ. 2 सूत्र 64

सूत्र:- व्यक्तिगुणविशेषाश्रयो मूर्त्ति: ।

अर्थ: - विशेष गुणों(यथा गुरूता,द्रव्यत्व ,स्पर्श आदि इन्द्रियों से ग्रहण करने योग्य) की आश्रय रूप मूर्ति को व्यक्ति कहते हैं ।इसी का दूसरा नाम द्रव्य भी है।

प्र.अ.आ. 2 सूत्र 65

सूत्र:- आकृतिर्जातिलिङ्गाख्या ।

अर्थ: - जाति और लिङ्ग से से जो खियात हो अर्थात जानी जाये उसे आकृति कहते है ।

प्र.अ.आ. 2 सूत्र 66

सूत्र:-~समानप्रसवात्मिका जाति:|

अर्थ द्रव्यों के आपस में समान रहते हुए भी जिससे समान बुद्धि उत्पन्न हो उसे जाति कहते हैं।

इति द्वितीयोअध्याय:।।

परीक्षितानि प्रमाणानि प्रमेयमिदानीं परीक्ष्यते।

प्रमाणो की परीक्षा पूर्ण हुई अब अध्याय 3 में प्रमेय की परीक्षा की जायेगी।ये प्रमेय   आत्मा   आदि है। क्या देहादि पदार्थो (देह,इन्द्रिय,मन,बुद्धि का समुदाय) के समूह को ही आत्मा कहते हैं या यह इनसे भिन्न है?

क्रिया और करण के कर्ता के साथ संबंध के कथन को व्यपदेश कहते हैं । व्यपदेश दो तरह का होता है। एक है अवयव से समुदाय का , दूसरा है दूसरे से दूसरे का। पहले में जैसे जड़ तना पुष्प पत्र से वृक्ष ।दूसरा है जैसे दीपक के उजाले से देखना,कुल्हड़ी से काटना आदि। किन्तु ऑंख से देखना,मन से जानना, बुद्धि से विचार करना, शरीर से सुख दुख भोगना यह किस प्रकार का व्यपदेश है।यह निश्चित करना कठिन है।

दर्शन तृतीय अध्याय

आह्निक 1

तृ.अ.आ. 1 सूत्र 1

सूत्र:-दर्शनस्पर्शनाभ्यामेकार्थग्रहणात्।

अर्थ देखमे व स्पर्श करने का कार्य अलग अलग इन्द्रिय से होने पर भी एक ही ही वस्तु अथवा अर्थ का आभास होता है।स्पर्श और दर्शन ये दोनो ज्ञान एक ही विषय व एक ही कर्ता से है पर वह देह इन्द्रियादि से भिन्न आत्मा है।

तृ.अ.आ. 1 सूत्र 2

सूत्र:- न विषयव्यवस्थानात्।

*संदिग्धत्वादहेतुः।

अर्थ-:- विषय की व्यवस्था   में इन्द्रियों के विषय नियत हैं। नैत्र का कार्य देखना होने से रूप का ज्ञान होता है ।उस के अभाव में रूप का बोध नहीं होता। इसी तरह प्रत्येक इन्द्रिय के विषय नियत है।वे उसी विषय को ग्रहण करने में चेतन है । फिर इनसे भिन्न किसी चेतन को मानने की क्या आवश्यकता है? ऐसा संदेह होना स्वाभाविक है।

तृ.अ.आ. 1 सूत्र 3

सूत्र:- तद्व्वसथानादेवात्मसद्भावाद्प्रतिषेध:|

भाव:- माना कि इन्द्रियों के अपने अपने विषय है तथापि उस(इन्द्रियों) की व्यवस्था मात्र से हम आत्मा की सत्ता का प्रतिषेध नहीं कर सकते। क्योंकि एक इन्द्रिय एक विषय विशेष की जानकार तो है पर वह सर्वज्ञ व सर्व संवाहक नहीं है।

तृ.अ.आ. 1 सूत्र 4

सूत्र:- शरीरदाहे पातकाभावात्।।

भाव ०:- शरीर(देह,इन्द्रिय,बुद्धि ,चेतना) को जलाने वाला पातकी होता है।उसे प्राणि हिंसा का पाप लगता है । यदि आत्मा को शरीर से भिन्न माना जायेगा तो पाप का अभाव हो जायेगा।

तृ.अ.आ. 1 सूत्र 5

सूत्र:- तदभाव: सात्मकप्रदाहेपि तन्नित्यत्वात्।।

अर्थजिनके मत मे आत्मा नित्य है उसके मत में शरीर आत्मा सहित जलाया जाता है तब भी पाप नहीं लगेगा क्योंकि आत्मा नित्य है जो जिसका दाह किसी भी शक्ति द्वारा नहीं हो सकता।

पूर्व के सूक्त के अनुसार हिंसा निष्फल है क्योंकि आत्मा के बिना शरीर का दाह करने से पाप नहीं होता जैसे मृत शरीर को जलाने पर पाप नहीं लगता।और इस सूत्र के अनुसार आत्मा नित्य होने के कारण उसका नाश नहीं होता।अर्थात दोनो ही परिस्थिति में दोष या पाप संभव नहीं है।अत: दोनो ही परिस्थिति में दोष देना उचित नहीं है।

तृ.अ.आ. 1 सूत्र 6

सूत्र:- न कार्याश्रयकर्तृबधात्।।

अर्थ सिद्धांतत: हम आत्मा जो नित्य है,के वध को हिंसा नहीं कहते अपितु हम हिंसा कार्याश्रय शरीर व विषय के ज्ञान हेतु इन्द्रियों के घात को हिंसा कहते हैं । सुख दुख का ज्ञान कार्य है व ज्ञान के आश्रय को शरीर कहते हैं।स्व विषय की ग्राहक इन्द्रियों व ज्ञान कार्स के आश्रय शरीर की हिंसा हो सकती है,नित्य आत्मा की नहीं ।

तृ.अ.आ. 1 सूत्र 7

सूत्र:- सव्यदृष्टस्येतरेण प्रत्यभिज्ञानात्।

अर्थ आगे पीछे होने वाले दो ज्ञानो का एक विषय ॐ मेल को प्रत्यभिज्ञान कहते हैं ।इन्द्रियो में चेतना मानने से प्रत्यभिज्ञान की उपपत्ति नहीं हो सकती। इसलिए चेतना को इन्द्रियों से प्रथक मानना ही चाहिए

तृ.अ.आ. 1 सूत्र 8

सूत्र:- नैकस्मिन्नासास्थिव्यवहिते दित्वाभिमानात्।

अर्थचक्षु एक ही इन्द्रिय है। पर नाक की हड्डी बीच मे आ जाने से दो प्रतीत होती है।जैसे किसी तालाब के बीच में पुल आ जाने से दो तालाब जान पड़ते हैं । वस्तुत: दायें आँख से देखी हुई वस्तु का बाईं आँख से प्रत्यभिमान का दोष नहीं आ सकता।

तृ.अ.आ. 1 सूत्र 9

सूत्र:- एकविनाशे द्वितीयाविनाशान्नेकत्वम्।

अर्थ: - किन्तु एक के विनाश से दूसरे का विनाश हो यह आवश्यक नहीं है।यद्यपि दोनो आँखों की इन्द्रिय एक ही है। दोनो ही आँखों से देखा भी जा सकता है।पर ऐसा नहीं है कि दॉयी आँख के फूटने पर बांयी आँख से दिखना बंद हो जाये।।

तृ.अ.आ. 1 सूत्र 10

सूत्र:- अवयवनाशेऽप्यवयव्युपलब्धेरहेतुः ।।

अर्थअवयव का नाश होने पर भी अवयवी उपलब्ध रहता है।अर्थात् एक अवयव का नाश होने पर भी अवयवी का पूर्ण विनाश हो यह आवश्यक नहीं है ।एक नैत्र फूट जाने पर दूसरे नैत्र से देखा जा सकता है । वृक्ष की शाखाएँ काट देने पर भी वृक्ष बना रहता है।

तृ.अ.आ. 1 सूत्र 11

सूत्र:- दृष्टान्तविरोधादप्रतिषेध: ।

अर्थ: - दृष्टान्त का विरोध करने से प्रतिषेध नही हो सकता है। हम यह भी कह सकते हैं कि दृश्यमान अर्थ के विरोध को दृष्टान्त विरोध कहते हैं।या कहा जा सकता है कि एक वस्तु की विभक्ति होने पर भी व्यवधान हो ऐसा आवश्यक नहीं है।

तृ.अ.आ. 1 सूत्र 12

सूत्र:- इन्द्रियान्तरविकारात् ।।12 ।।

अर्थ: - इन्द्रियों के परस्पर विकार से ज्ञान व भाव का स्मरण होता है।जैसे किसी फल का ज्ञान उसके रूप व गंध से जो चक्षु अथवा नासिका से पता चलता है पर दूसरी इन्द्रिय रसना के रस स्मरण से उसके खट्टा या मीठा होने का आभास होता है।और उत्कृष्ट इच्छा से मुँह में पानी आ जाता है ।पर इन्द्रियॉ स्वयं चेतन नहीं होती चेतन तो मन होता है ।

तृ.अ.आ. 1 सूत्र 13

सूत्र:- न स्मृते: स्मर्त्तव्यविषयत्वात् ।।13 ।।

अर्थ स्मृति का कारण स्मरण योग्य विषय है।तथा इसका रूप धर्म निमित्त से उत्पन्न होता है।स्मृति का कृत्य इन्द्रियान्तर का विकार है न कि आत्मा का।

तृ.अ.आ. 1 सूत्र 14

सूत्र:- तदात्मगुणसन्द्रादप्रतिषेध: ।।14 ।।

अर्थ: - तद् अर्थात् वह (स्मृति) आत्मा का गुण है।अत: उसका प्रतिषेध नहीं हो सकता। चूंकि प्राणियों के सारे व्यवहार स्मृति के अधीन हैं । एक चेतन ,(इन्द्रिय) अनेक विषयों का द्रष्टा होता है पर भिन्न भिन्न कारणों से पहले अनुभव किये गये विषयों का स्मरण करता है।यह सिद्धांत मानने पर ही अनेक विषयों के द्रष्टा को दर्शन प्रतिसंधान से स्मृति का होना सिद्ध होता है।

तृ.अ.आ. 1 सूत्र 15

सूक्त :- अपरिसंख्यानाच्च स्मृतिविषयस्य ।।15।।

अर्थ: - स्मृति विषय की संख्यात्मक गणना की बात करना उचित नहीं है। किसी विषय को जानने की स्मृति परोक्ष रूप से केवल अर्थ नहीं है।यह ज्ञाता और ज्ञान युक्त विषय है। " इस अर्थ को मैने जाना", "इस विषय में मुझसे जाना गया", " इस विषय का मुझ को ज्ञान हुआ" ये स्मृति विषय के बोधक तुल्यार्थक हैं । निसंदेह इन सब वाक्यों से ज्ञाता ज्ञान और विषय जाने जाते हैं ।उक्त सब ज्ञान का कर्ता एक ही है। अनेक नहीं । एक व्यक्ति त्रिकाल युक्त (विषय को जाना, विषय को जानता हूँ और विषय को जानूँगा) स्मरणेच्छा से विशिष्ट स्मृति का भी चिंतन करता है । इस सबसे जान पड़ता है कि " ज्ञाता" देहादिकों से कोई भिन्न है।

तृ.अ.आ. 1 सूत्र 16

सूत्र:- नात्मप्रतिपत्तिहेतूनां मनसि सम्भवात् ।।16।।

अर्थ आत्मा को सिद्ध करने वाले जो हेतु (दर्शन और स्पर्श)हैं उन सब का मन में   घटना संभव हैं क्योंकि मन सर्व विषयक है।हम कहसकते हैं कि देह आदि समुदाय से भिन्न आत्मा नहीं है।

तृ.अ.आ. 1 सूत्र 17

सूत्र:- ज्ञातुर्ज्ञानसाधनोपपत्ते: संज्ञाभेदमात्रम् ।।17 ।।

अर्थज्ञाता के ज्ञान के साधक यथा चक्षु,नासिका,कर्ण,जिव्हा त्वचा विषयों का मनन करने वाली मति आदि जिनका विचार आत्मा द्वारा किया जाता है ये सब मात्र संज्ञा भेद है ।

तृ.अ.आ. 1 सूत्र 18

सूत्र:- नियमश्च निरनुमान: ।।18 ।।

अर्थ :-ज्ञान का साधन इन्द्रिय के साथ साथ मन भी है।भिन्न प्रकार के ज्ञान के लिए अलग अलग इन्द्रिय है । मन कहीं और होने पर हम सामने के दृश्य को देख कर भी नहीं देख पाता । नियम और अनुमान भी कभी कभी निरा ही सिद्ध होते हैं ।

तृ.अ.आ. 1 सूत्र 19

सूत्र:- पूर्वाभ्यस्तस्मृत्यनुबन्धाज्जातस्यहर्षभयशोकसम्प्रतिपत्ते: ।।19 ।।

अर्थ पूर्व अभ्यस्त स्मृति नवजात शिशु में भी हर्ष भय शोक का कारण होती है।इससे यह सिद्ध होता है कि आत्मा देह छूटने के बाद भी रहती है और समय आने पर गर्भस्थ नव शिशु को प्राणमय बनाती है। आत्मा के पूर्व जन्म की स्मृति के कारण ही उसमे पैदा होते ही हर्ष भय और शोक के लक्षण प्रकट होने लग जाते हैं ।

तृ.अ.आ. 1 सूत्र 20

सूत्र:- पद्मादिषु प्रबोधसम्मीलनविकारवत्तद्विकार: ।।20 ।।

अर्थ :- पद्म(कमल) आदि अनित्य वस्तुओं में खिलना और बन्द हो जाना आदि विकार होते हैं।अनित्य आत्मा को भी हर्ष शोक भय की प्राप्ति रूप विकार हो सकते हैं ।

तृ.अ.आ. 1 सूत्र 21

सूत्र:- नोष्णशीतवर्षकालनिमित्तत्वात् पञ्चात्मकविकाराणाम् ।।21 ।।

अर्थपञ्च भूतों से उत्पन्न वनस्पति के विकारों (प्रष्फूटन खिलना बन्द होना,बीजनिर्माण आदि)का कारण ग्रीष्म,शीत व वर्षा आदि ऋतुऐं हैं वहीं नवजात जीवों में हर्ष भय शोक का कारण पूर्व जन्म के अभ्यास के स्मरण की परम्परा के अतिरिक्त दूसरा नहीं है। अत: आत्मा नित्य है।

तृ.अ.आ. 1 सूत्र 22

सूत्र:- प्रत्याहारभ्यासकृतात् स्तन्याभिलाषात् ।।22।।

अर्थ →प्रेत अर्थात् मृत शरीर की आत्मा के आहार के अभ्यास के कारण ही नवजात जीवात्मा को स्तनपान की अभिलाषा होती है। यह आत्मा के अविनाशी होने को सिद्ध करता है।जिसका नाश देह के नाश के साथ नहीं होता।

तृ.अ.आ. 1 सूत्र 23

सूत्र:- अयसोऽस्कान्ताभिगमनवत्तदुमर्पणम् ।।23।।

अर्थ: - पूर्वोद्धृत आत्मा के नित्य होने के विपरीत यह सूक्त कहता है कि चूकि लोहा चुम्बक के पास बिना पूर्वाभ्यास के आकर्षित होता है उसी प्रकार नवजात प्राकृतिक रूप से दुग्ध पान के लिए बिना पूर्वाभ्यास के उद्यत होता है। अत: यह कहने का कोई औचित्य नहीं है कि आत्मा नित्य है।

तृ.अ.आ. 1 सूत्र 24

सूत्र:- नान्यत्र प्रवृत्यभावात् ।।24।।

अर्थ: - क्रिया के हेतु का नियम होता है इसीलिए प्रवृति नियम बद्धता से अन्यत्र नहीं होती।। पूर्व लोह व चुम्बक की प्रवृति की तुलना नवजात के दुग्धपान हेतु स्तन की और आकर्षण की प्रवृत्ति को एक समान मानकर आत्मा की विद्यमानता को न माने यह उचित नहीं है। किसी भी प्रकार की उपपत्ति बिना निमित्त के नहीं होती। लोहे के अतिरिक्त अन्य धातु चुम्बक की और आकर्षित नहीं होती।

तृ.अ.आ. 1 सूत्र 25

सूत्र:- वीतरागजन्मादर्शनात् ।।25 ।।

अर्थ: - वीतराग का जन्म देखने में नहीं आता। यह सूक्त यह सिद्ध करता है कि जन्म केवल राग युक्त का ही होता है। विषयों का पूर्व अनुभव जीव दूसरे जन्म के शरीर के माध्यम से ही करता है। यह एक सतत क्रम है। आत्मा पूर्व शरीर के भोगे विषयों का स्मरण करती है और उस विषय की जीव में आसक्ति हो जाती है। अत: हम कह सकते हैं कि चेतन आत्मा का शरीर के साथ एक अनादि सम्बन्ध है। और अनादि राग की इसी निरन्तरता के कारण हम कह सकते हैं कि आत्मा नित्य है।

तृ.अ.आ. 1 सूत्र 26

सूत्र:- सगुणद्रव्योत्पत्तिवत्तदुत्पत्ति।।26 ।।

अर्थ: - सगुण द्रव्य की उत्पत्ति उसके गुण धर्म के अनुसार ही होती है। जिस प्रकार काले सूत से काले व रंगीन सूत से रंगीन वस्त्र बनते हैं,उसी प्रकार आत्मा के गुण धर्म भी होते हैं और उसी के अनुरूप देह मिलती है ।

तृ.अ.आ. 1 सूत्र 27

सूत्र:- न संकल्पनिमित्तत्वाद्रगादीनाम्।।27 ।।

अर्थ: - राग आदि का कारण संकल्प है। संकल्प से उत्पन्न राग के कारण ही प्राणी विषय भोग भोगता है। रागी या अनुरागी मन होता है आत्मा नहीं । जिस प्रकार आत्मा की उत्पत्ति अनित्य द्रव्य गुणो की भांति नही हो सकती ठीक उसी प्रकार राग की उत्पत्क संकल्प के बिना नहीं हो सकती।

तृ.अ.आ. 1 सूत्र 28

सूत्र:- पार्थिवं गुणान्तरोपलब्धे: ।।28 ।।

अर्थ: - गुणान्तर के कारण ही शरीर पार्थिव है।अन्य तत्व जल आकाश अग्नि और प्राण में गन्ध का अभाव होता है।परन्तु पृथ्वी में गन्ध होती है और शरीर मे भी पृथ्वी तत्त्व के कारण गन्ध विद्यमान रहती है।

निम्न तीन सूत्र उदय नारायण सिंह द्वारा अनुवादित संस्करण 2004 में सूत्र रूप में उपलब्ध नहीं है,

तथापि ये सूत्र सं 28 के साथ सूत्र वात्सायन कृत भाष्य में उपलब्ध है जिनका भावार्थ सूत्र 28 के साथ लिखा जा चुका है।

३.१.२८ > पार्थिवाप्यतैजसं तद्गुणोपलब्धेः

{सिद्धान्त-सूत्र}

३.१.२९ > निःश्वासोच्छ्वासोपलब्धेः चातुर्भौन्तिकम्

{पूर्वपक्ष-सूत्र}

३.१.३० > गन्धक्लेदपाकव्यूहावकाशदानेभ्यः पाञ्चभौतिकम्

{पूर्वपक्ष-सूत्र}सूक्त :-कृष्णसारे सत्युपलम्भाद्व्यतिरिच्य चोपलम्भात्संशयः ।।३० ।।

अर्थ नैत्र की काली पुतली जो भौतिक है उसके ठीक रहने से ही रूप का ज्ञान होता है अन्यथा नहीं। ज्ञान इन्द्रिय एवं विषय के संयोग से ही संभव है। इन्द्रिय को व्यापक मानने पर ही हम इसे उचित ठहरा सकते हैं लेकिन जो व्यापक है वह भौतिक नहीं हो सकता।इस प्रकार दो गुण धर्म संशय उत्पन्न करते हैं ।

तृ.अ.आ. 1 सूत्र 31

सूत्र:- महदणुग्रहणात्।।३1 ।।

अर्थ: - भौतिक नियमानुसार पदार्थ जितना बडा या छोटा होगा वह उतने ही प्रमाण के पदार्थ को व्याप्त कर सकेगा।लेकिन नैत्र बडे वृक्ष,पर्वत आदि बडे पदार्थों के समान ही छोटे पदार्थ को देखते हैं।अत: हम नेत्रों को भौतिक के स्थान पर विभु या व्यापक मान सकते हैं ।

तृ.अ.आ. 1 सूत्र 32

सूत्र:- रश्म्यर्यसन्निकर्षविशेॉषात्तग्रहणम्।।३2 ।।

अर्थ: - रश्मि के विशिष्ट सन्निकर्ष से ही हमें पदार्थ का ज्ञान होता है। पूर्व में जो बडे छोटे पदार्थ के आकार के अनुरूप प्रमाण के पदार्थ की

व्यापकता ज्ञान चक्षुओं के विभु व व्यापक होने से वर्णित की गयी उसमें अब पदार्थ का चक्षुओं द्वारा ज्ञान किरण(रश्मि) और पदार्थ के विशिष्ट मेल से ही संभव है।अंधकार या आड में रखे पदार्थ का ज्ञान केवल चक्षु रश्मि से नहीं होता बल्कि पदार्थ से रश्मि के विशिष्ट मेल से ही हो सकता है ।

तृतीय अध्याय आह्निक 1सूत्र 33

सूत्र:- तदनुपलब्धेरहेतु: |

अर्थ: - किन्तु वह (चक्षु रश्मि) उपलब्ध नहीं क्योंकि यदि वह उपलब्ध होती तो दीप की भांति दृष्टिगोचर होती।

तृ.अ.आ. 1 सूत्र 34

सूत्र:- नानुमीयमानस्य प्रत्यक्षतो$नुपलब्धिरभावहेतु: ।।34 ।।

अर्थ प्रत्यक्षत: अनुपलब्ध होने पर भी अनुमानीय वस्तु का अभाव नहीं माना जा सकता।जैसे पृथ्वी के नीचे का भाग या चन्द्रमा के पीछे का भाग आँखों से प्रत्यक्ष दिखाई नहीं देता पर अनुमान से उसके विद्यमान होने का आभास तो होता ही है।इसी लिए हम उसका अभाव नहीं मान सकते।

तृ.अ.आ. 1 सूत्र 35

सूत्र:- द्रव्यगुणधर्मभेदात् च उपलब्धिनियमः ।।35 ।।

अर्थउपलब्धि का नियम द्रव्य के गुण और धर्म के भेद से होता है। प्रत्येक द्रव्य के अवयव (गुणधर्म)सूक्ष्म और अलग अलग होते हैं । जल ,वायु व तेज सूक्ष्म रूप से आकाश में व्याप्त रहते हैं पर दिखते नहीं लेकिन उनसे ही ऋतुऐं बनती है ।

तृ.अ.आ. 1 सूत्र 36

सूत्र:- अनेक द्रव्य समवायात् रूपविशेषायच रूपोपलब्धि: ।।36 ।।

अर्थ अनेक द्रव्य के समवाय और रूप विशेष से रूप का ज्ञान होता है ।

तृतीय अध्याय आह्निक 1 सूत्र 37>

कर्मकारितः च इन्द्रियाणां व्यूहः पुरुषार्थतन्त्रः

{सिद्धान्त-सूत्र}

अर्थ: =इन्द्रियों की संरचना का तंत्र व स्वरूपउसके द्वारा सम्पन्न किये जाने वाले कार्य के अनुरूप हो ता है।

तृ.अ.आ. 1 सूत्र 38

सूत्रं:-38 > अव्यभिचारान्च प्रतिघातो भौतिकधर्मः

अर्थ अव्यभिचार व प्रतिघात(रूकना) भौतिक धर्म है। कोई आड या रूकावट होने से अभिचार या संचरण बाधित होता है यह एक भौतिक नियम है। तथापि अप्रतिघात अर्थित बाधा का अभाव व संचरण भौतिक व अभौतिक दोनो में समान रूप से भी हो सकता है। जैसे काच के बीच में होने पर भी प्रकाश किरण से उस पार भी देखा जा सकता है।

तृ.अ.आ. 1 सूत्र 39

सूत्र 39> मध्यन्दिनोल्काप्रकाशानुपलब्धिवत् तदनुपलब्धिः

{सिद्धान्त-सूत्र}

अर्थ: -दिन में सूर्य के प्रकाश के कारण अदृश्य होने पर भी हम नक्षत्रों या उल्काओं के प्रकाश की उपलब्धता को नहीं नकार सकते।अर्थित वे दि न में भी उपलब्ध होते हैं भले दृष्टि गोचर न हो।

तृ.अ.आ. 1 सूत्र 40

सूत्र:- न रात्रावप्यनुपलब्धेः

अर्थ: जिस पदार्थ में उद्भूत रूप और उद्भूत स्पर्श नही होता उसका प्रत्यक्ष ज्ञान नहीं होता। जिस प्रकार मिट्टी के ढेले व अन्य अस्वप्रकाशित द्रव्य स्वप्रकाशित न होने के कारण अंधेरी रात में दिखायी नहीं देते। यद्यपि नक्षत्र या उल्का स्वप्रकाशवान होते हुए भी सूर्य के तेज के कारण

दिखाई नहीं देते पर काली अंधेरी रात में दिखायी देते हैं किन्तु मिट्टी के ढेले नहीं ।

तृ.अ.आ. 1 सूत्र 41

सूत्र:- बाह्यप्रकाशानुग्रहाद् विषयोपलब्धेरनभिव्यक्तितोऽनुपलब्धि: ।।41 ।।

अर्थ बाह्य प्रकाश के अनुग्रह से नेत्र द्रव्य या विषय का ज्ञान कराता है। तथापि कभी कभी बाह्य प्रकाश व स्पर्श का ज्ञान होते हुए भी आश्रय द्रव्य का नेत्र से ज्ञान नहीं होता हैं क्योंकि उसमें उद्भूत रूप नहीं होता। जैसे वायु जिसके रूप की अनभिव्यक्ति (अप्रकट) स्पर्श व व बाह्य प्रकाश होते हुए भी रूप के अभाव के कारण नेत्रों से इसकी अनुपलब्धता जान पड़ती है।

तृ.अ.आ. 1 सूत्र 42

सूत्र:- अभिव्यक्तौ चाभिभवात्।।42 ।।

अर्थ जो अभिव्यक्त है अर्थात् जो बाह्य प्रकाश की अपेक्षा रखे बिना स्वयं एक उद्भूत रूप है उस ही का अभिभव होता है। नेत्र की किरण एक उद्भूत रूप है अत: उसमें ज्योति का अभिभव सिद्ध है।

तृ.अ.आ. 1 सूत्र 43

सूत्र:- नक्तन्चरनयनरश्मिदर्शनान्च।।43 ।।

अर्थ रजनीचर पशुओं यथा बिलाव सिंह आदि की ऑखों में प्रकाश बिम्ब स्पष्ट दिखती है। अक: दूसरे जीवों के नेत्रों में भी प्रकार बिम्ब का सहज अनुमान होता है। ज्ञान को इन्द्रिय और अर्थ के संयोग को ही माना जाता है

तृ.अ.आ. 1 सूत्र 44

सूत्र:- अप्राप्य ग्रहणं काचाभ्रपटलस्फटिकान्तरितोपलब्धे: ।।44 ।।

अर्थ काच अभ्रक और स्फटिक आदि में प्रतिबिम्बित आभास या ज्ञान ऐन्द्रिय विषय नहीं होकर भी ज्ञान के कारण हैं। पहुँच कर कार्य करना भूतों का धर्म

है और ये चूँकि ये ऐसा नही करते इससे यह सिद्ध होता है कि ये अभोतिक
हैं ।

तृ.अ.आ. 1 सूत्र 45

सूत्र:- कुड्यान्तरितानुपलब्धेरप्रतिषेध: ।।45 ।।

अर्थ इन्द्रिय के अप्राप्य(पहुँच से परे) से भी यदि केवल ज्ञान से ही भान होता
तो कूडे या भींत(दीवार) में दबी वस्तु या पदार्थ का ज्ञान संभव होता।और
यदि यह कहा जाये कि मात्र इन्द्रिय की पहुँच से ही ज्ञान होता है तो काच
के भीतर रखी वस्तुओं तक इन्द्रिय की पहुँच नहीं होने पर भी उन पदार्थों
का ज्ञान तो हो ही जाता है ।

तृ.अ.आ. 1 सूत्र 46

सूत्र:- अप्रतिघातात्सन्निकर्षोपपत्ति: ।

अर्थप्रतिघात न होने से सन्निकर्ष की उपपत्ति होती है। कांच और अभ्रक नैत्र
की किरण को नहीं रोकते इसलिए इन्द्रिय और अर्थ का संयोग होता है।

तृ.अ.आ. 1 सूत्र 47

सूत्र:- आदित्यरश्मे: स्फटिकान्तरितेषि दाह्ये ऽविधातात्।।47 ।।

अर्थ सूर्य की किरणे स्फटिक या बिल्लौर में रखे पदार्थ तक बिना रूके
पहुँच ही जाती है। यहाॅ तक कि घड़े में भरे हुए पानी तक भी सूर्य तेज पहुँच
कर उसे गर्म कर देता है। संयोग होने से वह दूसरे उष्ण पदार्थ का स्पर्श
होमे से शीतल जान पड़ता है। इससे यह सिद्ध होता है कि पदार्थ के इन्द्रिय
से संयोग होने से ही ज्ञान का भान होता है।।

तृ.अ.आ. 1 सूत्र 48

सूत्र >नेतरेतरधर्मप्रसङ्गात्।।48 ।।

अर्थपरस्पर धर्म के प्रसंग से यह ठीक नहीं है। अर्थात् पूर्वोक्त काच,स्फटिक
व दीवार के मध्य स्थित पदार्थों तक नैत्र किरण या सूर्य के तेज के पहुँच कर

इन्द्रिय द्वारा उसके आभास का हो पाने या न हो पाने का धर्म प्रसंग क्या व कितना उचित है? यह जानना होगा।

तृ.अ.आ. 1 सूत्र 49

सूत्र:- आदर्शोदकयो: प्रसादस्वाभ्याव्याद्रूपोपलब्धिवत्तुपलब्धि: ।।49।।

अर्थदर्पण और जल दोनो का स्वच्छ स्वभाव होने से उससे परे(दूसरी तरफ)या प्रतिबिम्बित रूप या द्रव्य का ज्ञान की उपलब्धि होती है।जबकि अपारदर्शी चीज जैसे भींत लकडी लोहा आदि का विपरीत स्वभाव होने के कारण उसके पार की वस्तुओं का ज्ञान संभव नहीं है।

तृ.अ.आ. 1 सूत्र 50

सूत्र:- दृष्टानुमितानां नियोगप्रतिषेधानुपपत्ति: ।।50।।

अर्थप्रत्यक्ष सिद्ध या अनुमान किये गये पदार्थों के नियोग और प्रतिषेध अनुपपन्न है। पदार्थ उनके मूल स्वभाव के अनुसार ही प्रमाण व अनुमान से सिद्ध होते हैं।धुँए से आग,पानी से शीतलता या दृश्यता, काच से पारदर्शिता, भींत से परे अपारदर्शी होना नैत्र किरण की परागम्यता या परावर्तन ये सब अनुमान व प्रत्यक्ष सिद्ध हैं।

तृ.अ.आ. 1 सूत्र 51

 सूत्र:- स्थानानत्वे नानात्वा दवयविनानास्थानत्वाच्च संशय: ।।51।।

अर्थ:अनेक पदार्थ अनेक स्थानो पर देखने में आते हैं इसी तरह एक ही पदार्थ भी अनेक स्थानो पर दिखायी पड़ता है। इससे इन्द्रिय के एक या अनेक होने का संशय हो जाता है।

तृ.अ.आ. 1 सूत्र 52

सूत्र:- नेन्द्रियान्तरार्थानुपलब्धे: ।। सूत्र:- त्वग्व्यतिरेकात्।।52।।

त्वगवयविशेषेण धूमोपलब्धिवत्तदुपलब्धि।।

व्याहतत्वादिहेतु:।।

अर्थ-"त्वग" एक इन्द्रिय है।सभी इन्द्रिय स्थानों में त्वचा विद्यमान है। बिना त्वचा के

विषयों का ज्ञान नहीं होता ।इसलिए कह सकते हैं कि त्वग या त्वचा ही एक इन्द्रिय है।परन्तु यह ठीक नहीं है।

तृ.अ.आ. 1 सूत्र 53

सूत्र:- >न युगपदर्थानुपलब्धे: ।।53 ।।

अर्थ-आत्मा का मन के साथ ,मन का इन्द्रिय के साथ तथा इन्द्रिय का अनेक विषयों के साथ संयोग होने से एक ही काल में अनेक ज्ञान हो जाने चाहिए किन्तु ऐसा नहीं है। क्योंकि एक ही इन्द्रिय के अनेक या सभी विषय नहीं हो सकते। नाक का विषय घ्राण है,रूप आँखों का विषय है,श्रवण कर्ण का तथा स्पर्श त्वचा का विषय है।

तृ.अ.आ. 1 सूत्र 54

सूत्र:- विप्रतिषेधाच्च न त्वगेका।।54 ।।

अर्थ-विप्रतिषेध (antinomy, विरोधी या अलग)के होने से त्वग(त्वचा) को हम एक इन्द्रिय नहीं मान सकते। या हम कह सकते हैं कि अलग अलग इन्द्रिय के विषय के अनुरूप त्वचा का अलग अलग स्वरूप होता है।

तृ.अ.आ. 1 सूत्र 55

सूत्र:- इन्द्रियार्थपञ्चत्वात्।

अर्थ- इन्द्रियों के पाँच प्रयोजन है इसीलिए इन्द्रियों की संख्या भी पांच ही है। रूप के लिए नैत्र, गन्घ के लिए घ्राण, श्रवण के लिए कर्ण, रस के लिए जिव्हा व स्पर्श हेतु त्वचा ।

तृ.अ.आ. 1 सूत्र 56

सूत्र:- न तदर्थबहुत्वात्।।56 ।।

अर्थकिन्तु उनके बहुत से प्रयोजन है, अर्थात् एक इन्द्रिय के एकाधिक प्रयोजन भी है।जैसे गंध में सुगंध व दुर्गंध का भेद।स्पर्श भी शीत,उष्ण व सामान्य हो सकता है।ध्वनि के भेद से शब्दों के अर्थ बदल जाते है।ध्वनि मधुर, सौम्य व कर्कश हो सकती है।रस भी कटु, तिक्त आदि छ: तरह के होते हैं अत: इनकी विभक्ति हेतु हमें इन्द्रियों के प्रकार भी अधिक मानने पड़ सकते हैं।

तृ.अ.आ. 1 सूत्र 57

सूत्र:- गन्धत्वाद्व्यतिरेकाद्गन्धादीनामप्रतिषेध।।57 ।।

अर्थ गन्धादिकों के गन्ध तत्वादि सामान्य पांच धर्म है । व्यतिरेक होने से पंचत्व का निषेध नहीं हो सकता।यद्यपि शीत उष्ण व सामान्य भेद से स्पर्श तीन प्रकार का है तथापि तीनों मे स्पर्शत्वरूप धर्म एक ही है।इसीलिए स्पर्श का बोघक एक ही इन्द्रिय को माना गया है। क्योंकि स्पर्श के सारे भेद एक ही साधन से सिद्ध हो सकते हैं।इसी प्रकार अन्य विषयों के अलग अलग स्वरूप भी विषय विशेष की इन्द्रिय से साध्य हैं

तृ.अ.आ. 1 सूत्र 58

सूत्र:- विषयत्वाव्यतिरेकादेकत्वम्।।58 ।।

अर्थविषयत्व के व्यतिरेक न होने पर एकत्व हो जायेगा। जैसे गंधत्व रूप के एक धर्म या विषय होने से गंध के सभी प्रकार एक ही इन्द्रिय घ्राण के विषय हो जाते हैं तो लब विषयों के विषयत्व घर्म के एक होने से एक ही इन्द्रिय क्यों नहीं मान सकते?

तृ.अ.आ. 1 सूत्र 59

सूत्र:- न बुद्धिलक्षणाधिष्ठानगत्याकृतिजातिपञ्चत्वेभ्य: ।।59 ।।

अर्थ- गन्धादि पॉच विषय गन्धत्व आदि अपने अपने सामान्य धर्मो में व्यवस्थित हो भिन्न भिन्न इन्द्रियों में ग्रहण किये जाते हैं । पॉच प्रकार के ज्ञान,पॉच इन्द्रियों के बोधक हैं।और इन इन्द्रियों के स्थान भी पॉच ही हैं। स्पर्श का शरीर,काली पुतली का नैत्र,घ्राण का नासिका,रस का जीभ,और श्रोत्र छिद्र का कर्ण।गति भेद से भी इन्द्रियों के भेद है।

काली पुतली स्थित चक्षु स्वयं रूपवान पदार्थों तक पहुँचता है।त्वचा संपर्क से अनुभव करती है।एक एक अक्षर मिलकर शब्द को अर्थ कर्णेन्द्रिय गेती है। आकार भी पॉंच प्रकार के होते हैं । पृथ्वी आदि पंचभूत ही इन्द्रियों के कारण भी पांच है।कारण पांच हैं तो कार्य भी पॉंच हैं। पर क्या पंचभूत ही इन्द्रिय के कारण है, प्रकृति नहीं है.....।

तृ.अ.आ. 1 सूत्र 60

सूत्र- भूतगुणविशेषोपलब्धेस्तादात्म्यम्।

अर्थ- वायु आदि पंच भूतों के गुण विशेष की उपलब्धता और उनका पॉंच इन्द्रियों के साथ तादात्म्य ही इन्द्रियों के कारण व कारक सिद्ध हैं। वायु स्पर्श का बोधक है तो जल रस का पृथ्वी गंध का बोधक है आकाश शब्द का व अग्नि प्रकाश का। तद्नुसार ही इनकी इन्द्रियों है। वायु की त्वचा, जल की रसना, पृथ्वी की घ्राण आकाश की कर्ण व अग्नि की नेत्र है।

तृ.अ.आ. 1 सूत्र 61-62

सूत्र – गन्धरसरूपस्पर्शशब्दानां स्पर्शपर्यन्ता: पृथिव्या:।

अप्तेजोवायुनां पूर्वं पूर्वमपोह्याकाशस्योत्तर:।

अर्थ- गंध ,रस, रूप स्पर्श और शब्द इनमें से स्पर्श तक पृथ्वी के गुण हैं। अप(जल), तेज और वायु में(प्रथम गंध को छोडकर) जल के गुण हैं। या कहें कि रस रूप व स्पर्श ये तीन गुण दल के हैं। रूप व स्पर्श ये दोनो गुण तेज के हैं। वायु व आकाश के एक एक गुण हैं जो क्रमश; स्पर्श और शब्द हैं

तृ.अ.आ. 1 सूत्र 63

सूत्र:- न सर्वगुणानुपलब्धे:।

अर्थ- परन्तु एक भूत के जितने गुण बताये गए हैं वे सारे के सारे तत्संबंधित इन्द्रिय से ज्ञात नहीं होते।

सूत्र>एकैकश्येनोत्तरोगुणसद्भावादुत्तराणां तदनुपलब्धि:।

अर्थ-गन्ध आदि पॉच गुणों में से पृथ्वी आदि पंच भूतों का क्रमश: एक एक गुण होने के कारण उत्तरोत्तर गुणो का ज्ञान अन्य इन्द्रिय से नहीं हो सकता है। घ्राण इन्द्रियों से रस, रूप और स्पर्श का ज्ञान नहीं होता है। रसना से रूप और स्पर्श का ज्ञान नहीं होता है। उसी तरह चक्षु से स्पर्श का ज्ञान नहीं होता हैं तो फिर अनेकों गुण वाले भूत कैसे जाने जा सकते हैं।

तृ.अ.आ. 1 सूत्र **64**

सूत्र>एकैकश्येनोत्तरोगुणसद्भावादुत्तराणां तदनुपलब्धि: ।

अर्थ-गन्ध आदि पॉच गुणों में से पृथ्वी आदि पंच भूतों का क्रमश: एक एक गुण होने के कारण उत्तरोत्तर गुणो का ज्ञान अन्य इन्द्रिय से नहीं हो सकता है। घ्राण इन्द्रियों से रस, रूप और स्पर्श का ज्ञान नहीं होता है। रसना से रूप और स्पर्श का ज्ञान नहीं होता है। उसी तरह चक्षु से स्पर्श का ज्ञान नहीं होता हैं तो फिर अनेकों गुण वाले भूत कैसे जाने जा सकते हैं।

तृ.अ.आ. 1 सूत्र 65

सूत्र:- संसर्गच्चानेकगुणग्रहणम्।

अर्थ- संसर्ग या योग के कारण ऐकाधिक गुणों को ग्रहण किया जा सकता है। या कह सकते हैं कि संसर्ग के कारण गुण प्राप्त होते हैं। जल आदि के संयोग से पृथ्वी में रस आदि गुणों का ग्रहण होता है। संयोग का निश्चित नियम न होने के कारण पृथ्वी में चार गुण होते हैं, जल में तीन तेज में दो व वायु में एक गुण होने का नियम भी न रहेगा।

तृ.अ.आ. 1 सूत्र 66

सूत्र:- विष्टं ह्वपरं परेण।

अर्थ-> विष्ट= सन्निहित

ह्वप= बांचना/ लगना/अनुभूति

पृथ्वी आदि भूतों में पूर्व पूर्व भूत व उत्तर उत्तर भूत से मिला है इसलिए संयोग में अनियम नहीं है। अर्थात् पृथ्वी में उसके उत्तर भूत जल तेज व वायु के गुण सन्निहित होने से चतुर्गुणी कहलायी इसी तरह जल में उसके उत्तर भूतों तेज व वायु के गुण सन्निहित होने पूर्व (स्वयं) के गुण सहित त्रिगुण कहलाता है इसी तरह तेज में दो व वायु में एक गुण की अनुभूति होती है।

तृ.अ.आ. 1 सूत्र 67

सूत्र:->न पार्थिवाप्ययो: प्रत्सक्षत्वात्।

अर्थ->यह सूत्र पहले के तीन सूत्रों का खण्डन करते हुए कहता है कि पार्थिव (पृथ्वी संबंधित) व जलीय पदार्थों के प्रत्यक्ष होने से पहले के कथन ठीक नहीं है। चुंकि रूप के बिना प्रत्यक्ष नहीं होता और पृथ्वी व जलीय पदार्थों का रूप गुण नहीं होता है। रूप का गुण केवल तेज में होता है यदि यह कहा जाये कि दूसरे भूतों के रूप से इन पृथ्वी व जल का प्रत्यक्ष होता है तो फिर वायु का भी प्रत्यक्ष होना चाहिए। यदि वायु का प्रत्यक्ष नहीं है तो क्या प्रमाण है। पार्थिव रस छ: प्रकार के होते हैं। जल में केवल मीठा रस है। लाल काला पीला आदि रंगों का होने से पार्थिव रूप अनेक प्रकार का है। और जलीय पदार्थों का सामान्य रूप सफेद ही होता है।

तृ.अ.आ. 1 सूत्र 68

सूत्र>पूर्वपूर्वगुणोत्कर्षात्तत्प्रधानम्।

अर्थ-> पूर्व पूर्व गुणो के उत्कर्ष से ही उसकी प्रधानता का आभास होता है। गुणों का उत्कर्ष विषयों के ज्ञान के प्राकट्य के सामर्थ से ही संभव है। चार तीन व दो गुण वाले पृथ्वी जल व तेजस पदार्थ सब गुणों के प्रकाशक नहीं है अपितु गंध रस व रूप के उत्कर्ष से इन्ही के बोधक है। ऐसे ही घ्राण, रसना व चक्षु सब गुणों के ग्राहक नहीं है तथापि गंध, रस और रूप के उत्कर्ष से इन्ही के बोधक है। अत: प्रत्येक इन्द्रियों से सब गुणों का ज्ञान नहीं होता है।

तृ.अ.आ. 1 सूत्र 69

सूत्र» तद्व्यवस्थानं तु भूयस्त्वात्।

अर्थ- उनकी(भूतों उनकें विषयों व गुणों) की एक निश्चित व्यवस्था उनके प्रक्षेपण या संस्कारों के अनुरूप है। अलग अलग विषयों के ज्ञान कराने में समर्थ घ्राण आदि अलग अलग इन्द्रियाँ है। सब वस्तु सब काम के लिए नहीं होती।

तृ.अ.आ. 1 सूत्र 70

सूत्र:- सगुणानामिन्द्रिय भावात्।

अर्थ- इन्द्रियों का अपने गुणो के साथ ही इन्द्रियत्व है। इसीलिये प्रत्येक इन्द्रिय अपने अपने सह गुणो के कारण बाह्य किन्तु निज गुणधर्मो को पहचान कर लेती है यथा घ्राण अपने गन्ध गुणो के कारण बाह्य गंध को पहचान लेती है। रसना, चक्षु आदि के साथ भी ऐसा ही है।

तृ.अ.आ. 1 सूत्र 71

सूत्र:- तेनैव तस्याग्रहणाच्च।

अर्थ- उसी से उसका ज्ञान नहीं हो सकता । इन्द्रियां स्वयं अपने गुणों को ग्रहण नहीं कर सकती

अर्थ- किसी भी वस्तु या इन्द्रिय से उस स्वयं का ज्ञान नहीं हो सकता उसके लिए संयोग आवश्यक है।

तृ.अ.आ. 1 सूत्र 72-73

सूत्र:- न शब्दगुणोपलब्धे:।

तदुपलब्धिरितरेतरद्रव्यगुणवैधर्म्यात्।

अर्थ: -इन्द्रिय अपने गुणो का ग्रहण नहीं करती तथापि अपने शब्द रूपी गुणो का ज्ञान श्रवणेन्द्रिय से ही हो पाता है।

परस्पर द्रव्यों के गुणो के विलक्षण स्वभाव होने से श्रवण इन्द्रिय से शब्द का ज्ञान हो जाता है। आकाश सगुण होने पर भी इन्द्रिय नहीं है। शब्द शब्द का बोधक नहीं है। घ्राण आदि इन्द्रियों का अपने गुणो का ग्रहण करना न तो

प्रत्यक्ष से ही न ही अनुमान से सिद्ध है, किन्तु श्रोत आकाश से शब्द का ज्ञान और आकाश का शब्द गुण अनुमान किया जाता है।

विशेषत: यह भी कहा जा सकता है कि श्रोता तो आत्मा है मन को हम श्रोत नहीं मान सकते क्योंकि कि मन तो बधिर के पास भी होता है। पृथ्वी आदि चार भूतों का सामर्थ्य घ्राणादि इन्द्रिय होने से है। आकाश के श्रोत सिद्ध होने से ही श्रवण इन्द्रिय का सामर्थ्य है।

तृतीय अध्याय आह्निक प्रथम समाप्त

आह्निक 2

तृ.अ.आ. 2 सूत्र 1

सूत्र:- कर्म्माकाशसाधर्म्यात्संशयः।

अर्थ कर्म या कार्य तथा आकाश के सामर्थ्य नहीं होने से संशय होता है। अस्पर्शत्व आकाश में भी है और कर्म दोनो में है किन्तु आकाश नित्य है और कर्म या कार्य अनित्य है। यही अस्पर्शत्व बुद्धि में भी है तब यह संशय स्वाभाविक है कि बुद्धि नित्य है या अनित्य। वात्स्यायन मुनि के अनुसार दैहिक सुख दुःख की भाँति बुद्धि को भी अनित्य माना है। त्रिकाल भूत वर्तमान व भविष्य बिना उत्पत्ति या विनाश के संभव नहीं है।

तृ.अ.आ. 2 सूत्र 2

सूत्र > विषयप्रत्यभिज्ञानात्।

अर्थ: -प्रत्यभिज्ञान का तात्पर्य है जिस को पहले जाना था उसी को अभी भी जानना या उसका पुनर्ज्ञान होना। किसी भी विषय का पुनर्ज्ञान बुद्धि की स्थिरता से सिद्ध होता है। प्रत्यभिज्ञान स्वयं द्वारा जाने गये विषयों का ही हो सकता है, दूसरे के जाने गये विषय का नहीं। यद्यपि बुद्धि विनाशशील होती है।

तृ.अ.आ. 2 सूत्र 3

सूत्र:- साध्यसमत्वादहेतुः।

चेतत इति चेद् न ज्ञानादर्थान्तरवचनम्।

प्रतिपुरूषं च शब्दान्तरव्यवस्थाप्रतिज्ञाने प्रतिषेधहेतुवचनम्।

अर्थस्याभेद इतिहास चेत् समानम्।#

अर्थसाध्य समत्व के कारण चेतन का नित्यत्व है। बुद्धि का नित्यत्व साध्य है इसी भाँति प्रत्यभिज्ञान भी साध्य है। ज्ञान, दर्शन, उपलब्धि, बोध, प्रत्यय और अध्यवसाय ये सब चेतन के धर्म हैं। इसी कारण चेतन का नित्यत्व है। पुरूष जानता है किन्तु बुद्धि के ज्ञान कराने या जनाने के कारण। चूंकि कारण के भेद होते हुए भी ज्ञाता के एकत्व से प्रत्यभिज्ञान देखने में आता है यथा बाँयी आँख से देखी गई वस्तु का ज्ञान झाँसी आँख से भी होना, एक दीप से देखी गयी वस्तु का

प्रत्यभिज्ञान दूसरे दीप से भी हो जाना आदि के कारण नित्यत्व ज्ञाता का सिद्ध होता है न कि बुद्धि का।

तृ.अ.आ. 2 सूत्र 4

सूत्र:- न युगपदग्रहणात्।

अर्थ-एक काल में अनेक ज्ञान प्राप्त नहीं हो सकते। किन्तु वृति और वृत्तिमान का भेद न मानने पर वृत्ति मान की स्थिति से वृत्तियों की स्थिरता हो जायेगी और विषयों के ज्ञान के स्थिर होने पर एक काल में अनेक ज्ञान प्राप्त हो सकेंगे।

तृ.अ.आ. 2 सूत्र 5

अप्रत्यभिज्ञाने च विनाशप्रसङ्ग:।

अर्थ- प्रत्यभिज्ञान के नाश से अन्त:करण का नाश मानना होगा। इसके विपरीत मानने पर अनेकत्व हो जायेगा। इसलिए ज्ञान व ज्ञानवान का अभेद नहीं हो सकता अर्थात् ज्ञान व ज्ञानवान का भेद रहेगा ही।

तृ.अ.आ. 2 सूत्र 6

सूत्र:- क्रमवृत्तित्वादयुगपद ग्रहणम्।

अर्थ- इन्द्रियों की वृत्ति क्रम से होने के कारण एक समय में अनेक ज्ञान नहीं होते। सूक्ष्म मन और वृत्तियों का इन्द्रिय के साथ संयोग बारी बारी से होने के कारण एक बार में अनेक ज्ञान प्राप्त नहीं होते।

तृ.अ.आ. 2 सूत्र 7

सूत्र:- अप्रत्यभिज्ञानं च विषयान्तरव्यासङ्गात्।

अर्थ मन के किसी एक विषय में अधिक लग जाने से दूसरे विषय गौण हो जाते है उनका ज्ञान अपेक्षा कृत कम होता है। वृत्ति ऐवं वृत्तिमान के भेद से भी यह बात मन से भी सिद्ध है। यदि दोनो को(वृत्ति और वृत्तिमान) का एकात्म माने तो न्यासंगत(संयोग विशेष) निष्प्रयोजन हो जाता है।

तृ.अ.आ. 2 सूत्र 8

सूत्र>न गत्यभावात्।

अर्थ-ऐसा कहा जाता है कि अन्त:करण विभु है उसका क्रमश: इन्द्रियों के साथ संयोग होता है। किन्तु यदि अन्त:करण को विभु मानते हैं तो गति के अभाव से मन के साथ इन्द्रियों का क्रम से संयोग न होने से एक समय अनेक ज्ञान नहीं होते। किन्तु यदि मन विभु हुआ तब इसका संयोग इन्द्रियों के साथ होने से एक साथ अनेक ज्ञान होने में क्या बाधा है? अत: मन को विभु मानना ठीक नहीं है।

तृ.अ.आ. 2 सूत्र 9

सूत्र:- स्फटिकान्यत्वाभिमानवत्तदन्यत्वाभिमान:।

। न हेत्वाभावात्।

अर्थ-जिस प्रकार स्फटिक भिन्न भिन्न रंगों की आभा के संयोग से काला पीला आदि वर्ण वाला जान पड़ता है उसी प्रकार भिन्न भिन्न विषयो के संबंध से वृत्ति में अनेकत्व का आभास होता है जबकि वस्तुत: वृत्ति एक ही है। स्फटिक में जिस प्रकार दूसरे पदार्थों के योग से भिन्नत्व का भ्रम होता है इसी प्रकार ज्ञानत्व का अनेकत्व भी भ्रम के कारण ही होता है। विभिन्न ज्ञान का अलग अलग समय उत्पन्न होना और नष्ट होना स्वयं सिद्ध है।

तृ.अ.आ. 2 सूत्र 10

सूत्र:- स्फटिकेप्यपरापरोत्पत्ते क्षणिकत्वाद्व्यक्तीनामहेतु:।

अर्थ-जो व्यक्त की जा सके वह व्यक्ति, इस प्रकार की व्यक्तियों के क्षणिक पन से स्फटिक में भी भिन्न भिन्न व्यक्ति शरीर की भाँति उत्पन्न और नष्ट होती है। शरीर आदि पदार्थों में वृद्धि और क्षरण नियम से दिखाई पड़ता है। पहला शरीर नष्ट हो कर दूसरा उत्पन्न होता है। आहार बचकर रस रूप होता है जिससे शरीर में रूधिर आदि धातु बन कर बढती घटती रहती है। बढने से उत्पत्ति या वृद्धि होती है व घटने से क्षरण या नाश होता

तृ.अ.आ. 2 सूत्र 11

सूत्र:- नियमहेत्वभावाद्यथादर्शनमभ्यमनुज्ञा।

अर्थ- हेतु के अभाव में नियम जैसा दिखे वैसा मानना चाहिए। प्रत्येक पदार्थ या तत्व की एक विशेषता होती है। वही उसका सामान्य नियम है। जीव बढता है निर्जीव प्रायः उसी आकार का रहता है। स्तर घट बढ सकता है।

तृ.अ.आ. 2 सूत्र 12

सूत्र:- नोत्पत्तिविनाशकारणोपलब्धे:।

अर्थ-जिन पदार्थों की उत्पत्ति और विनाश का कारण अनुपलब्ध है वे नित्य है, क्षणिक नहीं।

तृ.अ.आ. 2 सूत्र 13

सूत्र:- क्षीरविनाशे कारणनुपलब्धिवद्व्युत्पत्तिवन्चतदुत्पत्ति:।

अर्थ- जिस प्रकार दूध के विनाश व दही की उत्पत्ति का कारण नहीं जान पड़ता फिर भी हमें यह परिवर्तन दिखाई देता है इस कारण हम इनके विनाश व उत्पत्ति को मानते हैं, क्या उसी प्रकार स्फटिक की भी उत्पत्ति व विनाश मान लेना चाहिए।।

तृ.अ.आ. 2 सूत्र 14

सूत्र:- लिङ्ग तो ग्रहणान्त्रानुपलब्धि:।

अर्थ-चिन्ह से ज्ञान होता है इसलिए अनुपलब्धि नहीं मानते हैं। विनाश व उत्पत्ति की प्रत्यक्ष या से कारण का अनुमान होता है। स्फटिक जैसे पदार्थों में विनाश व उत्पत्ति प्रत्यक्ष नहीं होने से कारण का अनुमान नहीं होता।

तृ.अ.आ. 2 सूत्र 15

सूत्र:- न पयस: परिणामगुणान्तरप्रादुर्भवात्।

अर्थ- दुग्ध में गुणान्तर के परिणाम से प्रादुर्भव नहीं होता। अर्थात् यह कहा जा सकता है कि दूध से गुणान्तर के परिणाम से दही का बनना प्रादुर्भव या उत्पत्ति नहीं है। द्रव्य में भिन्न भिन्न गुण होते हैं जो प्रकट होते हैं और छुप जाते हैं। इसलिए द्रव्य सत्य है क्षणिक नहीं। इसलिए उत्पत्ति और विनाश नहीं होता है।

तृ.अ.आ. 2 सूत्र 16

सूत्र:- व्यूहान्तराद्द्रव्यान्तरात्पत्तिदर्शनं पृचद्रव्यनिवृत्तेरनुमानम्।

अर्थ-रचनाक्रम से दूसरे द्रव्य की उत्पत्ति का आभास होता है और पहले द्रव्य के विनाश का। यह अवयवों की विशेष रचना के कारण होता है। जैसे माटी से पिण्ड तथा पिण्ड से घट आदि पदार्थ। दूध से दही आदि।

तृ.अ.आ. 2 सूत्र 17

सूत्र:- क्वचिद्विनाशकारणानुपलब्धे: क्वचिच्चोपलब्धेरनेकान्त:।

निरधिष्ठानं च दृष्टान्तवचनम्

*अभ्यनुज्ञाय च स्फटिकस्योत्पादविनाशौ
योत्रसाधकस्तस्याभ्यनुज्ञानादप्रतिषेध:।*

अर्थ- विनाश के कारण कहीं उपलब्ध होने और कहीं उपलब्ध न होने से अनेकान्त दोष होता है।

उत्पत्ति और विनाश दूध व दही की भाँति ही स्फटिक में भी अकारण ही है। हेतु के न होने से यह निश्चित नहीं है। कार्य से कारण का अनुमान बुद्धि से होता है किन्तु वह भी अनित्य है। किन्तु प्रश्न यह है कि बुद्धि किसका गुण है।

तृ.अ.आ. 2 सूत्र 20

सूत्र:- तदात्मगुणन्वेपि तुल्यम्।

अर्थ-यद्यपि आत्मा व्यापक है और इसका सब इन्द्रियों से संयोग है फिर भी चूंकि इसके द्वारा एक काल में अनेक ज्ञान प्राप्त नहीं होते अत: ज्ञान को आत्मा का गुण मानना भी दोष तुल्य ही है।

तृ.अ.आ. 2 सूत्र 21

सूत्र:- इन्द्रियैर्मनस: सन्निकर्षाभावात्तदनुत्पत्ति:।

अर्थ- इन्द्रिय और मन के संयोग न होने से एक काल में अनेक ज्ञान की उत्पत्ति नहीं होती। जिस प्रकार विषय और इन्द्रियों के संयोग ज्ञान के लिए अपेक्षित है उसी तरह उसके साथ साथ मन का संयोग भी विषय के ज्ञान के लिए आवश्यक है।

तृ.अ.आ. 2 सूत्र 22

सूत्र:- नोत्पत्तिकारणानपदेशात्।

अर्थ- आत्मइन्द्रिय सन्निकर्ष मात्र से गन्धादि ज्ञान की उत्पत्ति होती है, ऐसा कहा गया है किन्तु बुद्धि की उत्पत्ति का कोई कारण उपदेशित नहीं है इसलिए बुद्धि को आत्मा का गुण नहीं माना जा सकता।

तृ.अ.आ. 2 सूत्र 23

सूत्र:- विनाशकारणानुपलब्धेश्चावस्थाने तन्नित्यत्वप्रसङ्ग:।

अर्थ- बुद्धि के विनाश के कारण की अनुपलब्धता के कारण वह सदैव स्थित है। गुण का नाश दो प्रकार से होता है। एक उसके आश्रय का अभाव व दूसरा है उसका विरोधी गुण। आत्मा नित्य है इस कारण उसका विनाश नहीं होता अत: बुद्धि के आश्रय का अभाव नहीं हो सकता। जहॉं तक विरोधी गुण का प्रश्न है बुद्धि का कोई विरोधी गुण नहीं प्रतीत होता। बुद्धि को आत्मा का गुण मानने से उसे नित्य भी मानना भी पड़ेगा।

तृ.अ.आ. 2 सूत्र 24

सूत्र:- अनित्यत्वग्रहाद्बुद्धेर्बुद्ध्यन्तराद्विनाश:शब्दवत्।

अर्थ- बुद्धि अनित्य है इस बात का प्रत्येक को अनुभव है। ज्ञान उत्पन्न होता है और नष्ट होता है। उसके विनाश का कारण दूसरा ज्ञान होता है। जैसे पहले शब्द का नाशक दूसरा शब्द होता है।

बुद्धि को आत्मा का गुण मानने से एक काल में अनेक स्मरण होने का दोष आता है। पूर्व के ज्ञान के संस्कार के स्मरण आत्मा में होने के कारण आत्मा और मन का संयोग है। इस कारण एक साथ अनेक स्तरों को नहीं रोका जा सकता है।

तृ.अ.आ. 2 सूत्र 25

सूत्र:- ज्ञानसमवेतात्मपदेशसन्निकर्षार्न्मनस: स्मृत्युत्पत्तेर्नयुगपदुत्पत्ति:।

अर्थ- ज्ञान के साधन संस्कार को भी ज्ञान कहते हैं। ज्ञान समवेत आत्मा के प्रदेशों के साथ मन का संयोग बारी बारी से होता है इसलिए आत्मा और मन के संबंध से स्मरण भी क्रम से ही होता है।आत्मा व्यापक हैऔर मन सूक्ष्म है। जिस स्थान में संस्कार युक्त आत्मा है वहाँ मन के संयोग से स्मरण होता हैऔर जिस स्मृति का हेतु संस्कार युक्त आत्म प्रदेश होगा वहाँ मन के संयोग होने से वही स्मरण होगा जिसका संयोग व स्मरण है अतः एक साथ अनेक स्मरण उत्पन्न नहीं हो सकता है।

तृ.अ.आ. 2 सूत्र 26

सूत्र:- नान्त: शरीरवृत्तित्वान्मनसः।

अर्थ- मन की क्रिया शरीर के भीतर होती है इसलिए शरीर के भीतर विद्यमान मन का शरीर के बाहर ज्ञान संस्कारित आत्म प्रदेशों के साथ संयोग नहीं हो सकता।।

तृ.अ.आ. 2 सूत्र 27

सूत्र:- साध्यत्वादहेतु:।।

अर्थ-जब तक मन का देह के भीतर रहना सिद्ध न हो जाये तब तक वह हेतु कैसे हो सकता है।

तृ.अ.आ. 2 सूत्र 28

सूत्र:- स्मरत: शरीरधारणोयपत्तेरप्रतिषेध:।

अर्थ- स्मरण करने वाले का शरीर धारण सिद्ध होने के कारण इसका प्रतिषेध नहीं हो सकता। आत्मा स्मरण की इच्छा से मन को एकाग्र करती है। ऐसी अवस्था में शरीर स्थिर अथवा ठहरा हुआ जान पड़ता है। प्रयत्न जो आत्मा और मन के संयोग से उत्पन्न होता है वह दो प्रकार का होता है। एक 'धारक' व दूसरा 'प्रेरक'। मन के अन्यत्र होने पर शरीर में प्रयत्न का अभाव सा हो जाता है। या दूसरे शब्दों में धारक प्रयत्न तो रहता है पर प्रेरक प्रयत्न का विलोप सा हो जाता है।

तृ.अ.आ. 2 सूत्र 29

सूत्र:- न तदाशुगतित्वान्मनस;।

अर्थ- मन की शीघ्र गति के कारण बाह्य ज्ञान सु संस्कृत आत्म प्रदेश से मिल कर त्वरित लौट कर धारक में प्रयत्न का प्रादुर्भाव करता है अथवा धारक के शरीर से प्रयत्न उत्पन्न होने से शरीर के धारण की उत्पत्ति हो जाती है।

तृ.अ.आ. 2 सूत्र 30

सूत्र:- न स्मरणकालानियमात्।

अर्थ- स्मरण काल का नियम नियत नहीं है। कभी शीघ्र स्मरण हो जाता है तो कभी विलम्ब से। विलम्ब से स्मरण होने पर स्मृति के स्मृति पटल पर शीघ्र प्रकट होने की इच्छा से मन का उस विषय में लगातार चिन्तन किया जाता है। शरीर भोग का स्थान है। मन के चिरकाल तक बाहर रहने पर स्मृति शीघ्र नहीं लौट पाती। अत: शरीर के बिना आत्मा और मन के संयोग से स्मृति का कोई कारण नहीं बन पाता है।

तृ.अ.आ. 2 सूत्र 31

सूत्र:- आत्मप्रेरणयवच्छाइतामिश्र न सयोगविशेष:।। 31।

अर्थ- आत्म प्रेरणा, दैव संयोग या ज्ञान विशेष का संयोग विषय विशेष के स्मरण का कारण नहीं हो सकता।विषय विशेष के स्मरण हेतु संस्कारित आत्मा संयोग हेतु मन द्वारा प्रेरित करने पर अर्थ स्मृत हो जाता है। अकस्मात ही नहीं आत्म स्मृति की इच्छा से मन एकाग्र हो विलंब से भी किसी विषय का स्मरण करता है।

तृ.अ.आ. 2 सूत्र 32

सूत्र:- व्यासक्तमनस: पादव्यथनेन संयोगविशेषेण समानम्।

- कर्मदृष्टमुपभोगार्थ क्रियाहेतुरिति चेत्समानम्*

अर्थ- किसी विषय में आसक्त मन होने पर भी यदि अचानक पैर में व्यथा हो जाये तो आत्मा व मन का विशेष संयोग या समभाव मानना पड़ेगा।

उपभोग के लिए कर्म को मन में क्रिया का में मानने पर स्मरण में भी विशेष संयोग मानना होगा।

परन्तु फिर एक प्रश्न उत्पन्न होता है कि कई कारण एक साथ रहते हुए भी स्मृति अनेक क्यों नहीं होती?

तृ.अ.आ. 2 सूत्र 33

सूत्र:- प्रणिधानलिङ्गादिज्ञानानामयुगपद्भावायुगपत्स्मरणम्।

अर्थ-जिस प्रकार आत्मा मन के संयोग व संस्कार स्मृति के कारण हैं उसी प्रकार चित्त की एकाग्रता व लिंग आदि का ज्ञान भी स्मृति व संयोग का कारण है और चूंकि ये सब एक साथ नहीं होते इसलिए एक काल में अनेक स्मृति नहीं हो सकती।

तृ.अ.आ. 2 सूत्र 34

सूत्र:- प्रातिभवन्तु प्रणिधानाद्यनपेक्षे स्मार्ट योगपद्यप्रसङ्ग: ।।34।।

प्रातिभेकथमिति चेत् पुरूषकर्मविशेषा दुपभोगवन्त्रियम:*।

हेत्वभावादयुक्तमिति चेद् न करणस्य प्रत्ययपर्याये सामर्थ्याद्*

भा> स्फूर्त बुद्धि को प्रतिभा कहते हैं प्रातिभ प्रतिभा से उत्पन्न शक्ति को कहते हैं। मन की एकाग्रता आदि की अपेक्षा न करके जो प्रातिभ ज्ञान जान पड़ता है उसके हेतु के न होने या हेतु के अभाव से जो युगपत् की उत्पत्ति होती है। प्रातिभ के समान मान्य अनेक विषयों के सतत सोचने से कोई एक अर्थ का ज्ञान होता है जो उस विषय का हेतु होता है। स्मरण करने वाले की स्मृति के सब कारणों का भान नहीं होता। स्मृति के भान का प्राय: ज्ञान नहीं होता है। यह प्रातिभ के तुल्य होता है।

इच्छा, द्वेष, प्रयत्न, सुख और दु:ख ये सब अन्त:करण के धर्म हैं। जिसे लोग ज्ञान पुरूष का धर्म भी मानते हैं।

तृ.अ.आ. 2 सूत्र 35

सूत्र:- ज्ञस्येच्छाद्वेषनिमित्तत्वादारम्भनिवृत्यो:।

अर्थ-आरम्भ और निवृत्ति का कारण ज्ञाता की इच्छा व द्वेष ही है। आत्मा अथवा जीव पहले निज सुख का साघन ज्ञात कर उसके लिए आरम्भ करता है और जब उसे दु:ख का कारण ज्ञात होता है तो वह उससे निवृत्ति चाहता है। सुख की इच्छा से वह सुख के साधन की प्राप्ति के लिए यत्न करता है। व जहाँ उसे दु:ख का आभास होता है वह निवृत्ति की चेष्टा करता है। इसलिए कहा जा सकता है कि इच्छा आदि चेतन आत्मा के ही धर्म है। ज्ञान इच्छा आदि का कर्ज एवं आश्रय एक ही है।

तृ.अ.आ. 2 सूत्र 36

सूत्र:- तल्लिङ्गत्वादिच्छाद्वेषयो: पार्थिवाद्येष्वप्रतिषेध:।

अर्थ- इच्छा और द्वेष यदि आरम्भ और निवृत्ति के हेतु हैं तो जिसे इच्छा व द्वेष होंगे उसे ज्ञान का होना भी आवश्यक है। सभी तरह के शरीर यथा पार्थिव, जलीय, तैजस व वायवीय की आरम्भ व निवृत्ति देखी जा सकती है अत:कहा जा सकता है कि इच्छा, द्वेष ज्ञानादि सब शरीर के धर्म है।

तृ.अ.आ. 2 सूत्र 37

सूत्र:- परश्वादिष्वारम्भनिवृत्तिदर्शनात्।

अर्थ आरम्भ और निवृत्ति की क्रिया को देखने मात्र से ही शरीर में चेतनता मानने पर अचेतन कुठार आदि में भी आरम्भ और निवृत्ति के कारण चेतनता माननी पड़ेगी इस लिए उक्त हेतु ठीक नहीं है।

तृ.अ.आ. 2 सूत्र 38

सूत्रः- कुम्भकादिष्वनुपलब्धेरहेतुः।

अर्थमिट्टी के घट आदि अवयवों में आरम्भ और मृतिका (रेत) आदि की निवृत्ति दिखाई देती है किन्तु कुठार आदि की ही भांति इनमें इच्छा द्वेष, प्रयत्न और ज्ञान का का हेतु उपलब्ध नहीं होता क्योंकि ये अचेतन है।

तृ.अ.आ. 2 सूत्र 39

सूत्रः- नियमानियमौ तु तद्विशेषकौ।

*दृष्टश्रान्यान्यगुणनिमित्तः प्रवृत्ति विशेषों भूतानांसोनुमानमन्यत्रापि।। *

अर्थ- इच्छा और द्वेष के भेदक नियम व अनियम है। इच्छा द्वेष निमित्त प्रवृत्ति और निवृत्ति आत्मा के आश्रय में नहीं है, इनका आश्रय शरीर है। प्रवृत्ति और निवृत्ति प्रेरित भूतों में होती है शवो में नहीं। इस तरह अनियम की उपपत्ति होती है।

गुणान्तर निमित्तक प्रवृत्ति तथा गुणावरोध से निवृत्ति होती है। जो सब भूतों में नियम से होती है। अनियम और नियम के अनुसार ज्ञान इच्छा द्वेष निमित्तक प्रवृत्ति और निवृत्ति स्वाश्रयी है। जिससे यह भी सिद्ध होता है कि ज्ञान इच्छा द्वेष और प्रयत्न आत्मा के आश्रित है। और प्रवृत्ति तथा निवृत्ति प्रयोज्य के आश्रित है।

तृ.अ.आ. 2 सूत्र 40

सूत्रः- यथोक्तहेतुत्वात्पारतन्त्र्यादकृताध्यागमाच्च न मानसः।

अर्थ- उक्त हेतु पारतन्त्र्य और अकृताभ्यागम से चेतनता मन का गुण नहीं है। इन्द्रिय और शरीर का भी गुण चैतन्य नहीं है। इस सूत्र के अनुसार मन उपलक्षण है। इच्छा ,द्वेष, यत्न आदि आत्मा के साधक है।

भूल, इन्द्रिय और मन ये सब पराधीन हैं। ये धारण आदि कार्यों में यत्न वश प्रवृत्ति होते हैं। चेतनता को इनका धर्म मानने पर ये स्वतंत्र हो कर अकृत का अभ्यागम अर्थात् बिना किये का भोग करे या यह कहें कि करे कोई भोगे कोई। इन्द्रिय और मन को चेतन मानने पर अच्छे बुरे कार्य के कर्ता तो कहलायेंगे और भुक्ता होगी आत्मा जो उचित नहीं कहा जा सकता। और यदि मन,और इन्द्रिय को को चेतन आत्मा के साधन मात्र माने तो कार्य आत्मा द्वारा किये गये माने जायेंगे और वही अपने किये का फल भी भोगेगी जिसे उचित कहा जा सकता है। भूत इन्द्रिय और मन जड़ है किन्तु आत्मा के पाप पुण्य के साधन मात्र है।

तृ.अ.आ. 2 सूत्र 41

सूत्र:- परिशेषाद्यथोक्तहेतूपपत्तेश्च।

अर्थ-परिशेष और उक्त हेतुओं की उपपत्ति से ज्ञान आत्मा का गुण है। प्रवक्ता में प्रतिषेध होने और अन्यत्र प्रसंग नहीं होने से शिष्यमाण में ज्ञान होने का नाम परिशेष है। जैसे यह कहा जाये कि व्यक्ति विशेष का बांयां हाथ काम नहीं करता तो इसका अर्थ यह हुआ कि दांयां हाथ तो काम करता है।

भूत, इन्द्रिय और मन का निषेध हो जाने पर केवल आत्मा शेष रह जाती है । ज्ञान और गुण आत्मा के ही सिद्ध हुए। देखने व छूने से एक ही विषय का ज्ञान होना भी इसी बात को सिद्ध करता है कि ज्ञान गुण आत्मा के ही हैं।

तृ.अ.आ. 2 सूत्र 42

सूत्र:- स्मरणं त्वात्मनो ज्ञस्वाभाव्यात्।

अर्थ- ज्ञाता में स्वाभाविक स्मरण आत्मा का ही गुण है। न कि बुद्धि अथवा संतति होने का। यह आत्मा त्रिकाल विषयक अनेक विषयों से युक्त होता है। एक काल में अनेक स्मरण नहीं रहते क्योंकि स्मृति के कारण अलग अलग रहते हैं। ऐसा था, ऐसा है या ऐसा होगा यह त्रिकाल विषयक ज्ञान आत्मा कोअनुभव सिद्ध होते हैं।

आगे के सूत्रों में स्मरण के कारणों का उल्लेख होगा।

तृ.अ.आ. 2 सूत्र 43

सूत्र>प्रणिधाननिबन्धाभ्यासलिङ्गलक्षणसादृश्यपरिग्रहाश्रयाश्रितसम्बन्धान
न्तर्यवियोगैककार्यविरोधातिशयप्राप्तिव्यवधानसुखदुःखेच्छाद्वेषभयार्थित्वक्रि
याराग धर्माधर्मनिमित्तेभ्यः।

अर्थ- स्मरण का पहला हेतु प्रणिधान अर्थात् मन को एक स्थान पर लगाना है। द्वितीय हेतु निबन्ध अर्थात् एक ग्रंथ में अनेक विषयों का सम्बन्ध। एक ग्रंथ में निबद्ध अनेक अर्थ परस्पर स्मरण के कारण होते हैं अर्थात् एक अर्थ का ज्ञान दूसरे अर्थ की स्मृति का निमित्त होता है। एक विषय में बार बार ज्ञान के होने से जो संस्कार उत्पन्न होते हैं उसको अभ्यास कहते हैं। अभ्यास भी स्मरण का एक हेतु है। चौथा स्मरण का हेतु लिङ्ग है जो उससे संबंधित घटना का स्मरण कराता है। लक्षण , सादृश्यता (चित्र देखने से उस वस्तु या व्यक्ति या जीव का स्मरण होना). परिग्रह अर्थात् स्वस्वामिभाव यथा सेवक के देखने से स्वामी व स्वामी के दर्शन से सेवक का स्मरण हो जाता है। आश्रय और आश्रित परस्पर एक दूजे के स्मारक होते हैं। सम्बन्ध भी स्मरण का कारण होता है। आनन्तर्य अर्थात एक कार्य को करने या सुनने से दूसरे कार्य का स्मरण होता है। वियोग भी स्मरण का कारण होता है। एक कार्य जैसे किसी एक कार्य को करने वाले अनेक हो तो एक को देख कर दूसरे का स्मरण होना, विरोध से भी स्मरण होता है। अतिशय प्राप्ति, व्यवधान, सुख ,दुःख, ईच्छा, द्वेष, भय, अर्थीपन या स्वार्थ, क्रिया, राग(प्रेम) , धर्म अधर्म (जिससे दूसरे जन्म में भोगे गये सुख दुःख तथा उनके कारणों का स्मरण होता है) और कुछ अन्य निमित्त, प्राणिधान के मुख्य ये 29 उदाहरण या हेतु हैं।

तृ.अ.आ. 2 सूत्र 44

सूत्र>कर्मानवस्थायिग्रहणात्।

हेत्वाभावयुक्तमिति चेद् बुद्ध्यवस्थानात् प्रत्यक्षत्वे स्मृत्यभावः। *

अर्थ- अबनवस्थायी अर्थात् नाशवान कर्म के ग्रहण करने से उत्पत्ति स्थिर नहीं होती अर्थात् उस उत्पत्ति का विनाश हो जाता है।

ज्ञेय या ज्ञात पदार्थ का प्रत्यक्ष तब तक रहता है जब तक ज्ञान बना रहे। और जब तक वह प्रत्यक्ष विद्यमान है तब तक उसका स्मरण नहीं हो सकता।

तृ.अ.आ. 2 सूत्र 45

सूत्र > अव्यक्तग्रहणमनवस्थायित्वाद्विद्युत्संपाते रूपाव्यक्तग्रहणवत्।

अर्थ- विद्युत संपात अर्थात् बिजली के पड़ते समय उसके प्रकाश की अस्थिरता के कारण जिस प्रकार उसके रूप का ज्ञान स्पष्ट नहीं होता अत: बुद्धि उत्पन्न हो कर नष्ट हो जाती है ऐसा मानने पर जानने योग्य वस्तुओं का ज्ञान अस्पष्ट ही होगा किन्तु ऐसा नहीं है विद्युत के रूप के अतिरिक्त अन्य वस्तुओं का ज्ञान तो बिजली चमकने से स्पष्ट हो जाता है भले ही वह क्षणिक ही क्यों न हो।

तृ.अ.आ. 2 सूत्र 46

सूत्र > हेतूपादानात् प्रतिषेद्धव्याभ्यनुज्ञा।

अर्थ-बुद्धि उत्पन्न होकर नाश को भी प्राप्त होती है, यह प्रतिषेध के योग्य है। तडित की क्षणिक चमक से उसके रूप को अव्यक्त कहने या ग्रहण करने ही की भांति इस हेतु के उपादान (कारण या हेतु या तत्व) से प्रतिषेद्धव्य की स्वीकृति सिद्ध होती है।

तृ.अ.आ. 2 सूत्र 47

सूत्र:- ग्रहणे हेतुविकल्पाद् ग्रहण विकल्पों न बुद्धिविकल्पात्।

*धर्मिणस्तुधर्मभेदेबुद्धिनानात्वस्यभावाभावाभ्याँतदुपपत्ति:। *

अर्थ- ज्ञान का विकल्प ज्ञान के कारण के विकल्प से है न कि बुद्धि के विकल्प से। ज्ञान का हेतु यदि अस्थिर है तो ज्ञान स्पष्ट नहीं हो सकता। व्यक्त हो या अव्यक्त यह बुद्धि ही अर्थ का ज्ञान है। अव्यक्त ज्ञान सामान्य ज्ञान है और जहाँ साधारण धर्मी को किसी के भी विशेष गुण धर्म का स्पष्ट ज्ञान होता है उसे व्यक्त ज्ञान कहते हैं।

तृ.अ.आ. 2 सूत्र 48

सूत्र:-प्रदीपार्चि: संतत्यभिव्यक्तग्रहणवत्तद्ग्रहणम्।

अर्थ- दीपक की ज्योति सतत उत्पन्न व नष्ट होकर अस्थिर होते हुए भी एक कालावधि तक पदार्थ (रूई,तेल,अग्नि व हवा) के कारण प्रकट दिखाई देती है। पदार्थ न रहने पर उसका ज्ञान भी नष्ट हो जाता है। वस्तुत: विचार यह करना है कि शरीर में जो चेतनता जान पड़ती है वह किसका गुण है।

तृ.अ.आ. 2 सूत्र 49

सूत्र:- द्रव्यों स्वगुणपरगुणोपलब्धे: संशय:।

अर्थ- पदार्थों में स्वगुण के साथ साथ पर गुण की उपलब्धता संशय उत्पन्न करती है। जैसे पानी का स्वगुण द्रव्यता है परन्तु यह उष्ण होकर गैस , बादल व शीतलता प्राप्त होने पर ठोस बर्फ भी बन जाता है। इसी भांति शरीर की जो चेतनता दिखाई देती है तो क्या वस्तुत: वही शरीर का गुण है यह संशय होता है।

तृ.अ.आ. 2 सूत्र 50

सूत्र:- यावच्छरीरभावित्वाद्रूपादीनाम्।

संस्कारवदिति चेद् न कारणानुच्छेदात्

अर्थ-जो रूप आदि गुण शरीर के हैं , वे शरीर के रहने तक ही विद्यमान रहते हैं। उसके पश्चात् नहीं किन्तु शरीर के रहते हुए भी चेतना का अभाव देखने में आता है अत: चेतना शरीर का मूल गुण नहीं कहा जा सकता। कई गुण संस्कारों के कारण लुप्त भी हो सकते हैं।

तृ.अ.आ. 2 सूत्र 51

सूत्र:- न पाकजगुणान्तरोत्पत्ते:।

अर्थ- पदार्थ में रूप या स्वरूप का पूर्ण अभाव नहीं होता है तथापि गुणान्तर रूप हो सकता है जैसे पकाने पर रंग का बदल कर गहरा , लाल या काला हो जाता है। परन्तु शरीर की चेतना के मामले में ऐसा नहीं होता वह सर्वथा नष्ट हो जाती है। अत: चेतनता को शरीर का प्रमुख गुण नहीं माना जा सकता।

तृ.अ.आ. 2 सूत्र 52

सूत्र:- प्रतिद्वन्द्विसिद्धे: पाकजानामप्रतिषेध:।

अर्थ- पदार्थों में दो या अधिक गुण हो सकते हैं जो पाक या शुद्धि से प्रकट होते हैं। जैसे दूध से दही, मट्ठा, घी या छाछ आदि ये परस्पर प्रतिद्वंद्वी हो सकते हैं अर्थात् इनके गुण धर्म पाक व अन्य क्रिया द्वारा बदल जाते हैं। पर मूल गुण श्वेत वर्ण व पौष्टिकता वही रहती है। परन्तु शरीर में चेतनता सदैव नहीं रहती। अत: चेतनता को शरीर का मौलिक गुण नहीं माना जा सकता।

तृ.अ.आ. 2 सूत्र 53

सूत्र:- शरीरव्यापित्वात्।

अर्थ- यद्यपि चेतनता जीवित शरीर के सभी अंगो में व्याप्त रहती है परन्तु फिर भी यह शरीर का मूल गुण नहीं होती। एक काल में अनेक ज्ञान नहीं हो सकते क्योंकि हर अंग हेतु चेतनता अलग अलग नहीं होती। अत: कहा जा सकता है कि चेतनता शरीर का अभिन्न गुण नहीं है।

तृ.अ.आ. 2 सूत्र 54

सूत्र:- केशनखादिष्वनुपलब्धे:।

अर्थ- केश अर्थात् बाल, नाखून जैसे शरीर के अवयवों में चेतना नहीं होती। इसलिए भी चेतनता को शरीर का अभिन्न गुण नहीं माना जा सकता है।

तृ.अ.आ. 2 सूत्र 55

सूत्र:- त्वक्पर्यन्तत्वाच्छरीरस्य केशनखादिष्वप्रसंङ्ग:।

अर्थ- त्वचा तक का शरीर ही इन्द्रियों का आधार है वही शरीर जीव, मन, सुख,, दुख, और ज्ञानादि का स्थान है। इसलिए नख केशादि में चेतनता प्रासंगिक नहीं है।

तृ.अ.आ. 2 सूत्र 56

सूत्र:- शरीरगुणवैधर्म्यात्।

अर्थ- गुण वैधर्म के अनुसार शरीर के दो गुण होते हैं जिन्हें हम प्रत्यक्ष व अप्रत्यक्ष गुण कह सकते हैं। शरीर का प्रत्यक्ष गुण है रूप आदि जो प्रत्यक्ष दृष्टि गोचर होते हैं। दूसरा गुण है अप्रत्यक्ष जैसे गुरूता आदि। परन्तु चेतनता इनसे भी विलक्षण है। ज्ञान का विषय होने के कारण प्रत्यक्ष भी है और मन का विषय होने से इन्द्रियों का विषय भी नहीं है।

तृ.अ.आ. 2 सूत्र 57

सूत्र:- न रूपादीनामितरेतरवैधर्म्यात्।

अर्थ- शरीर का विधर्म जिस प्रकार रूप आदि होकर भी शरीर का गुण है उसी प्रकार क्या चेतना जो रूप आदि से विरूद्ध धर्म होकर शरीर का गुण नहीं हो सकता ?

तृ.अ.आ. 2 सूत्र 58

सूत्र:- ऐन्द्रियकत्वाद्रूपादीनामप्रतिषेध:।

अर्थ- ऐन्द्रिक या इन्द्रियों का विषय होने के कारण रूप आदि से प्रतिषेध नहीं है। जैसे रूप आदि आपस में विधर्म के कारण द्वैविध्य को नहीं छोडते वैसे ही चेतनता भी द्वैविध्य को नहीं छोडती।

उक्त सभी प्रकार से परीक्षा के बाद यह सुनिश्चित हो जाता है कोई संदेह नहीं रहता है। इस प्रकार बुद्धि की परीक्षा तो हो चुकी। आगे मन की परीक्षा भी होना है....

तृ.अ.आ. 2 सूत्र 59

सूत्र:- ज्ञानयौगपद्यादेक मन:।

अर्थ- एक काल में अनेक ज्ञान नहीं होते क्योंकि प्रत्येक शरीर में एक ही मन होता है। इन्द्रियों में एक समय में एक ही ज्ञान प्राप्त या उत्पन्न करने की शक्ति होती है। आँखों के पास दृश्य शक्ति है, श्रवण शक्ति नहीं। इसी प्रकार घ्राण शक्ति केवल नासिक के पास है जिह्वा के पास नहीं। यद्यपि इससे यह सिद्ध नहीं होता कि मन भी एक ही हो। तथापि एक काल में चूंकि अनेक ज्ञान नहीं हो सकते इसलिए यह माना जाता है कि एक काल में मन भी एक

ही होता है क्योंकि इन्द्रियों के ज्ञान को जानने व मानने वाला केवल मन का संयोग है।

तृ.अ.आ. 2 सूत्र 60

सूत्र:- न युगपदनेकक्रियोपलब्धे:।

अर्थ-एक युगपद(समयावधि) में अनेक क्रियाओं की उपलब्धता का भान होता है अत: यह कहा जाना भी उचित नहीं है कि एक काल में अनेक ज्ञान ना होते हों। एक व्यक्ति जब कहीं जाता है तो उसके पास के सामान का, गन्तव्य का मार्ग व मार्ग की बाधाओं का एक साथ ध्यान रखता है कि नहीं तो इन सब बातों का एक साथ संयोजन कौन करता है क्योंकि चक्षु, कर्ण पाद,स्मरण, धैर्य और सतर्कता यदि एक साथ न हो तो यह कैसे संभव है।

तृ.अ.आ. 2 सूत्र 61

सूत्र:- अलातचक्रदर्शनवत्तदुपलब्धिराशुसंचारात्।

अर्थ- जिस प्रकार चक्र के तीव्र घूमने के कारण हमें उसके अलग अलग दांतों का क्रम दिखाई नहीं देता इसी प्रकार ज्ञान व क्रियाओं के तीव्र वेग के कारण उनके विद्यमान क्रम को बोध नहीं हो पाता और इसीलिए अलग अलग होने के उपरान्त भी हमें सारी क्रियाएं एक साथ होती सी लगती है।

तृ.अ.आ. 2 सूत्र 62

सूत्र:- यथोक्तहेतुत्वाच्चाणु।

अर्थ- जैसा पहले कहा गया है कि तीव्र गति के कारण क्रम का ज्ञान नहीं होने सारी क्रिया एक साथ होती दिखाई देती है इससे मन की सूक्ष्मता भी सिद्ध होती है। मन यदि व्यापक होता तो हम एक काल में किए गये अलग अलग ऐन्द्रिक कार्यों को स्पष्ट व अलग अलग होता देख सकते थे।

आगे शरीर की उत्पत्ति पर विचार होगा कि यह कर्म के अनुसार होती है या स्वतंत्र पंचभूतों से।....

तृ.अ.आ. 2 सूत्र 63

सूत्र:- पूर्वकृतफलानुबन्धात्तदुत्पत्ति:।

अर्थ-पूर्व शरीर के द्वारा किए गये कर्मों के फलानुबन्ध से देह की उत्पत्ति होती है। अर्थात् शरीर की उत्पत्ति स्वतंत्र पंचभूतों से उत्पन्न न होकर धर्म व अधर्म कर्मों के अदृष्ट रूप से प्रेरित होती है। तथा इस शरीर में स्थित रह कर आत्मा अहं बुद्धि द्वारा भोग तृष्णा से विषय भोग करता हुआ धर्म और अधर्म का संपादन करता है। धर्म और अधर्म के संस्कार से युक्त इस भूत शरीर के नष्ट हो जाने पर दूसरा देह उसके संचित कर्मानुसार पूर्व की भांति पुरूषार्थ करने के लिए प्रवृत होता है। प्रेरित पुरूषार्थ से समर्थ शरीर सापेक्ष भूतों से उत्पन्न होता है।

तृ.अ.आ. 2 सूत्र 64

सूत्र:- भूतेभ्योमूर्त्युपादानवत्तदुपादानम्।

अर्थ-कर्म निरपेक्ष भूतों से उत्पन्न कंकड़ पत्थर रेत आदि की ही तरह शरीर भी कर्म निरपेक्ष भूतों से उत्पन्न होकर पुरूषार्थ का साधक होता है।

तृ.अ.आ. 2 सूत्र 65

सूत्र:- न साध्यसमत्वात्।

अर्थ-साध्य के समान होने से उक्त कथन कि शरीर व रेत कंकड आदि कर्म निमित्त नहीं है साध्य है उचित नहीं है।

तृ.अ.आ. 2 सूत्र 66

सूत्र:- नोत्पत्तिनिमित्तत्वान्मातापित्रोः। 66।।

अर्थ-शरीर की उत्पत्ति के तो निमित्त माता पिता होते हैं किन्तु रेत कंकड़ के साथ ऐसा नहीं होता उनके लिए निमित्त प्रकृति होती है। माता के रक्त व पिता के बीज से शरीर की उत्पत्ति गर्भस्थ प्राणी के कर्म व माता पिता के कर्मफल का निमित्त का स्वरूप होता है।

तृ.अ.आ. 2 सूत्र 67

सूत्र:- तथाऽऽहारस्य।

अर्थ-आहार भी गर्भ धारण से लेकर शरीर के इस जगत में आने व उसके विकास में अहम् घटक है। आहार से रस रस से रक्त रक्त से मांस अस्थि बीज व जीवन के लिए प्राणों को आधार मिलता है।

तृ.अ.आ. 2 सूत्र 68

सूत्र:- प्राप्तौ चानियमात्।

अर्थ- शरीर की प्राप्ति स्त्री पुरुष के संसर्ग से ही हो ऐसा नियम नहीं है। गर्भ धारण प्रारब्ध कर्म के कारण होता है न कि मात्र संसर्ग से।

तृ.अ.आ. 2 सूत्र 69

सूत्र:- शरीरोत्पत्तिनिमित्तवत्संयोगोत्पत्तिनिमित्तं कर्म।

अर्थ- जिस प्रकार शरीर की उत्पत्ति में कर्म को कारण माना जाता है उसी प्रकार आत्मा विशेष का शरीर के साथ संयोग का कारण भी कर्म है। यदि दोनो में ही कर्म को कारण नहीं माना जाता तो सारे शरीर एक से होते और सभी शरीरों की बनावट, स्वभाव आदि भी एक से होते। पंच भूत और आत्मा तो एक जैसे होने के कारण एक ही रूप, कौशल विकास भाव लिए होते परन्तु कर्म के कारण सब के शरीर, स्वभाव और कौशल अलग अलग होते हैं।

तृ.अ.आ. 2 सूत्र 70

सूत्र:- एतेनानियमः प्रयुक्तः।

अर्थ- कर्म का नियम ऐसा हि प्रयुक्त होता है। अर्थात् शरीर निर्माण और आत्मा के संयोग दोनों के मूल में कर्म ही है। हृष्ट पुष्ट सबल, समर्थ, अथवा विकलअंग, दुर्बल, रुग्ण या सामान्य असामान्य शरीर सब में पंचभूत तो समान होते हैं पर कर्म के कारण हर शरीर की रचना अलग होती है तथा कर्म के अनुसार ही सोच, भाव, शिक्षा पालन, दान आदि का संयोग प्राण रूप में होता है।

तृ.अ.आ. 2 सूत्र 71

सूत्र:- उपपन्नश्च तद्वि योगः कर्मक्षयोपपतितेः।

अर्थ-शरीर की उत्पत्ति को कर्म निमित्तक मानने से शरीर से आत्मा के वियोग को कर्म का नाश मानना होगा। तब पुन: जन्म कैसे होगा? अत: यह भी उचित नहीं है। पंचभूत शरीर से आत्मा के वियोग से शरीर नष्ट हो जाता है पर चुंकि प्राणी मृत्यु पर्यन्त राग द्रेष आसक्ति आदि के कारण कुछ न कुछ कर्म मन वचन तन या धन से करता ही रहता है। कुछ लेता अथवा देता भी है अत: समस्त कर्मों की मृत्यु के साथ नाश नहीं होता।

तृ.अ.आ. 2 सूत्र 72

सूत्र:- तदवृष्टकारितमिति चेत् पुनस्तत्प्रसङ्गोऽपवर्गे।

अर्थ- भूतों से शरीर की उत्पत्ति अवृष्टकारित है क्योंकि शरीर की उत्पत्ति के बिना दृश्य वस्तु को बना आश्रय के नहीं देखा जा सकता है। दृश्य दो प्रकार के होते हैं। प्रकृति और विषयक। शरीर की सृष्टि विविधता के लिए ही है। कृतकार्यों के पूर्ण हो जाने के पश्चात पंचभूत शरीर को उत्पन्न नहीं करते। यही शरीर के वियोग का भी कारण है। अदर्शन को यदि उत्पत्ति का कारण मानते हैं तो मुक्ति का कारण भी अदर्शन को ही मानना होगा।

तृ.अ.आ. 2 सूत्र 73

सूत्र > न करणाकरणयोरारम्भदर्शनात्।

अर्थ-परमाणु अवृष्ट होते हैं। विषयों के ज्ञान से चरितार्थ भूतों से बार बार शरीर की उत्पत्ति होती है। शरीर की उत्पत्ति को कर्म निमित्त न मानकर अवृष्ट को उत्पत्ति का निमित्त मानना उचित नहीं है। यदि कहा जाये कि अवृष्ट परमाणुओं के विशेष गुण से प्रेरित होकर मन का प्रवेश शरीर में होने से स्वरुप अवृष्ट से प्रेरित मन युक्त शरीर में आत्मा को ज्ञान होता है। इस पक्ष के अनुसार परमाणुओं के गुण "अवृष्ट" का नाश न होने से मोक्ष होने पर भी पुन: शरीर की उत्पत्ति हो सकती है।

तृ.अ.आ. 2 सूत्र 74

सूत्र:- मन:कर्मनिमित्तत्वाच्च संयेगानुच्छेद:।

अर्थ- अदृष्ट को ही मन व कर्म दोनो के संयोग के साथ शरीरोत्पत्ति का कारण मानने पर अदृष्ट मन का शरीर से वियोग (अनुच्छेद) ही मृत्यु का भी कारण मानना पड़ेगा। जो उचित नहीं है।

तृ.अ.आ. 2 सूत्र 75

सूत्र:- नित्यत्वप्रसङ्गश्च प्रायणानुपपत्ते:।

अर्थ- नित्यत्व का प्रसङ्ग भी विपाक संवेदन के कर्माशय के नाश होने से शरीर पात जिसे मरण भी कहते हैं का आधार है क्योंकि दूसरे कर्माशय से फिर जन्म होता है। कर्म निरपेक्ष भूतों से शरीर की उत्पत्ति मानने पर शरीर के पात(मरण) का क्या कारण होगा? और यदि शरीर पात का कोई कारण न होगा तो वह तो नित्य हो जायेगा। अकस्मात् को मृत्यु का कारण मानने पर मृत्यु में भेद नहीं हो पायेगा और मुक्ति के उपरान्त भी जन्म का प्रसंग हो जायेगा।

तृ.अ.आ. 2 सूत्र 76

सूत्र> अणुश्यामतानित्यत्ववदेतत्स्यात्।

अर्थ-जिस प्रकार अणु की श्यामलता अग्नि से नष्ट हो जाने के बाद पुनः उत्पन्न नहीं होता उसी प्रकार नष्ट शरीर मोक्ष काल में उत्पन्न नहीं होता।।

तृ.अ.आ. 2 सूत्र 77

सूत्र:- नाकृताभ्यागमप्रसङ्गात्।

अर्थ- अकृत के अभ्यागम अर्थात् बिना कर्म निमित्तक के पुरुष को सुख दुःख भोगने पड़ जाते हैं।जो न्यूनाधिक या दीर्घ अथवा अल्पावधि के हो सकते हैं। परमाणु के श्यामलता वाले दृष्टान्त से अकर्म निमित्त शरीर की उत्पत्ति और सुख दुःख के संयोग को कर्म निमित्तक नहीं मानने वाले दृष्टान्त से प्राप्त मत को मानना प्रत्यक्ष अनुमान और शास्त्रीय प्रमाण का विरोधाभास होता है जो उचित नहीं है।बिना कर्म निमित्तक के जो सुख दुःख न्यूनाधिक या दीर्घ अथवा अल्प अवधि के शरीर को भोगने पड़ते हैं उनका कोई न कोई कारण तो अवश्य होगा। जिन सुख या दुःख का कोई प्रत्यक्ष कारण जान नहीं पड़ता उनका कारण पूर्व जन्म के कर्मों को माना जाता है।

प्रामाणिक मनीषियों ने देहधारी मनुष्यों को वर्ण और आश्रम के अनुसार अपने विशिष्ट कर्तव्यों में प्रवृत्त व अनुचित कर्मों से निवृत्त रहने की सलाह दी है। देह सृष्टि को कर्म निमित्तक नहीं मानना आगम विरोधी है तथा यह नास्तिकों की मिथ्या अवधारणा है।

यहाँ तृतीय अध्याय का द्वितीय आह्निक समाप्त हुआ।

दर्शन चतुर्थ अध्याय

आह्निक 1

च.अ.आ. 1 सूत्र 1

सूत्र:- प्रवृत्तिर्यथोक्ता।।1।

अर्थप्रवृत्ति के लक्षण जो अध्याय 1 प्र.अ.आ.1 सूत्र 17 में कहे दिये हैं वे ही हैं उनकी पुनरावृत्ति की आवश्यकता नहीं है।

च.अ.आ. 1 सूत्र 2

सूत्र:- तथा दोषा:।

अर्थ- दोषों की भी परीक्षा हो चुकी है। तत्वज्ञान से मिथ्याज्ञान की निवृत्ति, उससे राग द्वेष के प्रबंध का उच्छेट व उसके बाद मुक्ति होती है।

प्रादुर्भाव,निरोध,धर्मक दोष प्रवर्तन,लक्षण दोष की विवेचना पूर्व में हो चुकी।किन्तु इनके अतिरिक्त मान,ईर्ष्या,संदेह,मत्सर, आदि दोष भी है।

च.अ.आ. 1 सूत्र 3

सूत्र:- तल्लेराश्यं रागद्वेषमोहार्थान्तरभावात्।

अर्थ- उक्त दोषों को तीन राशियाँ हैं। प्रथम राग,द्वितीय द्वेष,व तृतीय मोह सबके एक से अधिक प्रकार हैं। राग में >काम,मत्सर,स्पृहा,तृष्णा,लोभ,माया,और दम्भ आदि हैं।

द्वेष में> क्रोध,ईर्ष्या,असूया,द्रोह, अमर्ष और अभिमान आदि हैं।

मोह में> मिथ्याज्ञान,संशय,तर्क,मान,प्रमाद,भय और शोक है।

प्रत्येक के भिन्न भिन्न लक्षण हैं। किसी पदार्थ में आसक्ति को राग कहते हैं। इच्छा (अमर्ष)के विपरीत कुछ होने पर क्रोध होना द्वेष कहलाता है। तथा मिथ्याबुद्धि की सिद्धि ही मोह का लक्षण है।

च.अ.आ. 1 सूत्र 4

सूत्र:- नैकप्रत्यनीकभावात्।

अर्थ- तत्वज्ञान (सम्यकमति,आर्यप्रज्ञा व संबोध) होने से ही रागादि नष्ट हो जाते हैं।हम कह सकते हैं तत्वज्ञान ही राग,द्वेष व मोह सब का विरोधी है।

च.अ.आ. 1 सूत्र 5

सूत्र:- व्यभिचारादहेतु:।

अर्थ- व्यभिचार अर्थात् सामान्य से अलग या विरोध हेतु दोष!यथा पृथ्वी का श्याम आदि रूपों का अग्नि संयोग एक विरोधी रूप है किन्तु यह परस्पर भिन्न है।विरोधी का परस्पर पृथक होना कोई नियम नहीं है।

च.अ.आ. 1 सूत्र 6

सूत्र:- तेषां मोह: पापीयान्नामूढस्येतरोत्पत्ते:।

अर्थ- उन पापों में मोह पाप अधिक बुरा है। राग व द्वेष का मूल भी मोह ही है। मोह से राग की उत्पत्ति होती है व राग से द्वेष की द्वेष से क्रोध की जो व्यक्ति को उत्तरोत्तर विवेक शून्य बना देता है। राग के कारण विषयों में अनुरक्ति का संकल्प उत्पन्न होता है तथा कोपनीय संकल्प द्वेष के हेतु होते हैं। ये दोनों संकल्प मिथ्या प्रतिपत्ति होने से मोह से भिन्न नहीं है। राग द्वेष दोनो का कारण मोह ही है।

च.अ.आ. 1 सूत्र 7

सूत्र:- निमित्तनैमित्तिकभावादर्थान्तरभावो दोषेभ्य:।

अर्थ- निमित्त और नैमित्तक भाव से भाव के अन्तर्भाव दोष भी हो सकते हैं। मोह समस्त दोषों का निमित्त है। किन्तु निमित्त और निमित्तक के भिन्न होने से क्या मोह दोष हो सकता है।

च.अ.आ. 1 सूत्र 8

सूत्र:- न दोषलक्षणावरोधान्मोहस्य।

अर्थ- मोह को दोष मानने का कारण मोह में दोष के लक्षणों का होना है। फिर इसे मोह दोष कहने में क्या अवरोध है। निश्चय ही मोह का कोई दोषलक्षण अवरोध नहीं है।

च.अ.आ. 1 सूत्र 9

सूत्र:- निमित्तनैमित्तिकोपपत्तेश्च तुल्यजातीयानामप्रतिषेध:।

अर्थ- एक समान या तुल्य पदार्थ के गुणों का विविध प्रकार के कार्य व कारण (निमित्त व नैमित्त) होते हैं इस कारण उनका प्रतिषेध नहीं किया जा सकता।

च.अ.आ. 1 सूत्र 10

सूत्र:- आत्मनित्यत्वे प्रेत्यभावसिद्धि:।

अर्थ-आत्मा को नित्य कहा गया है। नित्य का जन्म अथवा मरण नहीं होता। किन्तु प्रेत्यभाव मर कर जन्म लेने को कहते हैं। आत्मा नित्य होने से उसका प्रेत्यभाव सिद्ध नहीं हो सकता। यद्यपि आत्मा मरती नहीं है न ही पुनर्जन्म लेती है किन्तु एक शरीर त्याग कर दूसरा नूतन शरीर में प्रवेश करती है।और आत्मा के इसी क्रिया भाव को ही आत्मा का प्रेत्यभाव कह कर सिद्ध किया जा सकता है।।

च.अ.आ. 1 सूत्र 11

सूत्र:- व्यक्ताव्यक्तानां प्रत्यक्षप्रामाण्यात्।

अर्थ- व्यक्त से व्यक्त की उत्पत्ति के प्रत्यक्ष प्रमाण है। परम सूक्ष्म नित्य व्यक्त पृथ्वी आदि से शरीर इन्द्रिय विषयोपकरण का आधार व्यक्त द्रव्य उत्पन्न होता है। अन्य शब्दों में रूप आदि गुण युक्त नित्य पृथ्वी आदि भूतों से रूप आदि गुण युक्त शरीर उत्पन्न होता है।

च.अ.आ. 1 सूत्र 12

सूत्र:- न घटाद् घटानिष्पत्ते:।

अर्थ- यह व्यक्त से व्यक्त उत्पन्न होने के सिद्धांत को नकार कर कहा गया है कि घड़े से घड़े उत्पन्न नहीं हो सकते फिर कैसे माने कि व्यक्त कारण से व्यक्त की उत्पत्ति होती है।

च.अ.आ. 1 सूत्र 13

सूत्र:- व्यक्ताद् घटनिष्पत्तेरप्रतिषेध:।

अर्थ यह सत्य है कि सब का कारण एक सा नहीं हो सकता किन्तु जो उत्पन्न व्यक्त द्रव्य रूप होता है वह उसी प्रकार के व्यक्त कारण से होता है। जैसे घट निर्माण में माटी रूप व्यक्त द्रव्य तत्व जिसे छिपाया नहीं जा सकता।

च.अ.आ. 1 सूत्र 14

सूत्र:- अभावाब्दावोत्पत्तिर्ननुपमृद्य प्रादुर्भावात् ।।

अर्थ उक्त सूत्रों के विपरीत कुछ शून्यवादी कहते हैं कि अभाव से भाव की उत्पत्ति होती है, क्योंकि बीज के उपमर्द (फाड़ या तोड़कर) से अंकुर निकलता है फिर पेड़ बन कर फल देता है।यहाँ व्यक्त कारण बीज से बीज की नहीं अंकुर की उत्पत्ति हुई।अत: व्यक्त से व्यक्त की उत्पत्ति मानना आवश्यक नहीं है।

च.अ.आ. 1 सूत्र 15

सूत्र:- व्याघातादप्रयोग:।

अर्थ- उक्त सूत्र 14 के प्रयोग से व्याघात दोष आता है। प्रकट होने से पूर्व हम किसी के विद्यमान होने को कैसे स्वीकार कर सकते है।

च.अ.आ. 1 सूत्र 16

सूत्र:- नातीतानागतयो: कारकशब्दप्रयोगात्।

अर्थ- कारक शब्द का प्रयोग न अतीत न ही अनागत में प्रयोग होता है।बहुधा गौण प्रयोग देखा जाता है। प्रगट होने वाला अंकुर बीज का उपमर्दन करके ही प्रगट होता है। इस प्रकार अंकुर का कृतत्व गौण है।

च.अ.आ. 1 सूत्र 17

सूत्र:- न विनष्टेभ्योऽनिष्पत्ते:।

अर्थ- नष्ट बीज से अंकुर की उत्पत्ति नहीं होती इसी प्रकार अभाव से भाव की उत्पत्ति नहीं हो सकती। अत: नाश से उत्पत्ति एक गौण प्रयोग है।

च.अ.आ. 1 सूत्र 18

सूत्र:- क्रमनिर्देशादप्रतिषेध:।

अर्थ: क्रम अर्थात् उपमर्द और प्रादुर्भाव का पौर्वापर्य नियम,के निर्देश से अभाव का प्रतिषेध अथवा खण्डन नहीं है। यही क्रम का निर्देश अभाव से भाव की उत्पत्ति का हेतु है निषेध नहीं। अवयवों की पहली बनावट नष्ट होकर दूसरी बनावट से वस्तु उत्पन्न होती है। बीज में भूमि व जल के संयोग के कारण उत्पन्न क्रिया से पूर्व रचना का त्याग कर दूसरी रचना अंकुर रूप में प्रकट होती है। पहली रचना का नाश होकर ही दूसरी का प्रादुर्भाव होता है।अत: हम कह सकते हैं कि अभाव से कारण के साथ भाव की उत्पत्ति होती है। दूसरे शब्दों में कारण से ही कार्य होता है।

च.अ.आ. 1 सूत्र 19

सूत्र:- ईश्वर: कारणं पुरूषकर्मफल्यदर्शनात्।

अर्थ- पुरुषार्थ करना पुरुष के हाथ में है, वह पुरुषार्थ करता भी है किन्तु कई बार उसे समुचित फल नहीं मिलता या अपने कर्म फलित होते नहीं दिखते अत: कहा जाता है कि कर्म फल ईश्वर द्वारा निश्चित किया जाता है ।दूसरे शब्दों में ईश्वर ही इसका कारण है।

च.अ.आ. 1 सूत्र 20

सूत्र:- न पुरूषकर्माभावे फलानिष्पत्ते:।

अर्थ- जो पूर्व मत जिसमें ईश्वर को ही फल जाता मानकर शरीर की उत्पत्ति का भी कारण माना गया है उसके विपरीत यहाँ यह कहा गया है कि पुरुष के कर्म के अभाव में किसी भी फल की प्राप्ति नहीं हो सकती। यदि केवल ईश्वर ही कारण होता तो बिना उद्यम के ही फल की प्राप्ति हो जाती।

च.अ.आ. 1 सूत्र 21

सूत्र:- तत्कारितत्वादहेतु:।

अर्थ-जब कर्म फल का फलित मन्तव्य के अनुसार मिलना निश्चित नहीं है तो उस कार्य या कर्म का हेतु तत्व क्या है। चूँकि कर्म जड़ है अत: कर्म स्वयं में फल का कारण नहीं हो सकता। कर्म का फल ईश्वर तत्व के संयोग से ही मिल सकता है। जड़ या बीज को पानी मिट्टी उचित जलवायु व संरक्षण से ही उपयोगी वृक्ष बनने से ही फल देने का सामर्थ्य मिलता है। इसी प्रकार अकेला कर्म फलित नहीं होता। उसे उचित समय व ईश्वर की कृपा से भाग्य द्वारा ही पाया जा सकता है।

मनोरथ के अनुसार कर्म फल का सफल होने का प्रमुख कारण कर्म नहीं है क्योंकि यदि कर्म ही कारण होता तो वह कभी निष्फल नहीं होता। अत: कहा जा सकता है कि

अदृष्ट ईश्वर कृत नियम ही इसका मुख्य कारण है। आप्त के उपदेश से यह सिद्ध है कि ईश्वर सबकी उपासना करने योग्य जगत की उत्पत्ति पालन व संहार का कर्ता व वेदो द्वारा हित अहित का उपदेश करने वाला सर्वशक्तिमान नित्यज्ञान युक्त जीवों से भिन्न पिता के समान है। कर्म धर्म व अधर्म का फल दाता केवल ईश्वर ही है।

च.अ.आ. 1 सूत्र 22

सूत्र:- अनिमित्ततो भावोत्पत्ति: कण्टकतैक्ष्ण्यादिदर्शनात्।

अर्थ- कर्म फल के कारण और अकारण के बाद तीसरा मत प्रकृति या स्वभाव वादी है जो यह मानता है कि काँटे की तीक्ष्णता पहाड़ी धातुओं की

विलक्षणता पहाड़ी पत्थरों का चिकनापन आदि तो अकारण पर स्वाभाविक होती है।इनकी विलक्षणता का कोई कारण जान नहीं पड़ता।इसी प्रकार शरीर की सृष्टि भी स्वाभाविक ही होती है बिना कारण के।

च.अ.आ. 1 सूत्र 23

सूत्र>अनिमित्तनिमित्तत्वान्नानिमित्तत:।

अर्थ- पदार्थो की उत्पत्ति बिना निमित्त के होती तो वह जिससे उत्पन्न हुआ वह उसी का तो निमित्त हुआ। अत: अनिमित्तक के निमित्त भाव की उत्पत्ति अनिमित्तक कैसे हो सकती है।

च.अ.आ. 1 सूत्र 24

सूत्र>निमित्तानिमित्तयोरर्थान्तरभावादप्रतिषेध:।

अर्थ- निमित्त और अनिमित्त का अर्थान्तर भाव का प्रतिषेध अर्थात् खंडन है। खण्डन जिसका किया जाए उसमें और खंडन में समानता नहीं है दोनों अलग अलग है। जल का निषेध जल नहीं हो सकता। जल का निषेध होने का तात्पर्य यह नहीं है कि जल है ही नहीं। निषेध का अर्थ अस्तित्व का अभाव नहीं है बल्कि उसके उपभोग या उपयोग की मनाही है।

च.अ.आ. 1 सूत्र 25

सूत्र:- सर्वमनित्यमुत्पत्तिविनाशधर्मकत्वात्।

अर्थ-वे सभी तत्व या पदार्थ जो उत्पन्न होते हैं अथवा उत्पत्ति जिसका धर्म (मूल प्रकृति) है विनाश भी उसका धर्म होता है।अत: उत्पत्ति व विनाश धर्मक सभी तत्व या पदार्थ अनित्य है।

च.अ.आ. 1 सूत्र 26

सूत्र:- नानित्यतानित्यत्वात्।

अर्थ- नित्यत्व से अनित्य नहीं होता। यदि सबकी अनित्यता नित्य है तो उसकी नित्य का से अनित्य नहीं हो सकते। अनित्य के अभाव में सब नित्य है।

च.अ.आ. 1 सूत्र 27

सूत्र:- तदनित्यत्वमग्नेर्दाहं विनाश्यानुविनाशवत्।

अर्थ- उस अनित्यता का अनित्य होना भी उस अग्नि की भाँति है जो जिसे जलाती है उसके साथ स्वयं भी जलकर नष्ट हो जाती है। सबकी अनित्यता सब का विनाश कर स्वयं का भी विनाश कर लेती है।

चतुर्थ अध्याय आह्निक 1 सूत्र>28

सूत्र>नित्यस्याप्रत्याख्यानं यथोपलब्धिव्यवस्थानात्।

अर्थनित्य का प्रत्याख्यान (खंडन) नहीं हो सकता। जिसकी उत्पत्ति व विनाश प्रमाण से सिद्ध न हो वही नित्य है। जिनकी उपलब्धि व्यवस्थित है जैसे परम सूक्ष्म तत्व भूत,काल,दिशा,आत्मा,मन और अन्य समानधर्मी पदार्थों की उत्पत्ति व विनाश का प्रमाण सिद्ध होने से ये सब नित्य है।

च.अ.आ. 1 सूत्र 29

सूत्र:- सर्वं नित्यं पञ्चभूतनित्यत्वात्।

अर्थ- पञ्चभूतों के नित्यत्व से सभी नित्य हैं। पञ्चभूतों के नित्य होने से सबभूत हैं और वे सब नित्य हैं।।

च.अ.आ. 1 सूत्र 30

सूत्र:- नोत्पत्तिविनाशकारणोपलब्धे:।

अर्थ- ऐसा नहीं है कि उत्पत्ति और विनाश का कारण उपलब्ध ही नहीं हो।इस मृत्यु लोक के जड़ व चेतन सभी का विनाश होता है।अत: सब पदार्थ नित्य नहीं हो सकते।

च.अ.आ. 1 सूत्र 31

सूत्र:- तत्लक्षणावरोधादप्रतिषेध:।

अर्थ- उस(भूत) के लक्षण के अवरोध से प्रतिषेध नहीं हो सकता जिसके उत्पत्ति और विनाश का कारण प्राप्त होना मानते हैं। क्योंकि उसके भूतत्व

में परमाणु तो विद्यमान रहता ही है। अत: हम उसके नित्यत्व का निषेध नहीं हो सकता।।

चतुर्थ अध्याय प्र.अ.आ.1 सूत्र 32

सूत्र:- नोत्पत्तितत्कारणोपलब्धे:।

स्वप्रविषयाभिमानवद् मिथ्योपलब्धिरिति चेद् भूतोबलब्धौ तुल्यम्।

पृथिव्याद्यभावे सर्वव्यवहारविलोप इति चेत् तदितरत्र संभावना।*

अर्थ- उत्पत्ति हो और उसके कारण की उपलब्धता न हो ऐसा सम्भव नहीं है।

यदि यह माना जाय कि स्वप्न विषयक अभिमान की तरह ही उपलब्धि भी मिथ्या ही है तो पृथ्वी आदि की उपलब्धि भी स्वप्न विषयक अभिमान की तरह ही मिथ्या हो जायेगी।

यदि पृथ्वी आदि के अभाव होने से सब व्यवहार लुप्त हो जायेंगे तो विनाश कारण उपलब्धि विषय के न होने के कारण भी उत्पत्ति के सब व्यवहारों का भी लोप हो जायेगा।

केवल धर्म ही उत्पन्न होता है और उस ही की निवृत्ति होती है। और यह धर्म ही उत्पत्ति और विनाश का विषय है।

जो उत्पन्न होता है उस ही का नाश होता है और जो उत्पन्न होता है वही उत्पत्ति से पहले विद्यमान रहता है। हम कह सकते हैं कि उत्पत्ति और निवृति दोनो ही की विद्यमानता के कारण सभी की नित्यता भी सिद्ध होती है।

च.अ.आ. 1 सूत्र 33

सूत्र:- न व्यवस्थानुपपत्ते:।

अर्थ- कारण या पदार्थ की उत्पत्ति व निवृत्ति की सतत प्रक्रिया उसकी विद्यमानता(नित्यता) को प्रमाणित करती है।अविद्यमान को स्वरूप की प्राप्ति उत्पत्ति और स्वरूप की हानि को निवृत्ति कहना उचित नहीं है।

च.अ.आ. 1 सूत्र 34

सूत्र:- सर्वं पृथग्भावलक्षणपृथक्त्वात्।

अर्थ- सब पदार्थों में पृथक्त्व (अनेक)से पृथक भाव के लक्षण परिलक्षित होते हैं। जैसे यदि हम किसी भी पदार्थ या वस्तु का नाम लेते हैं तो उसकी बनावट के घटक व उपयोग के प्रकार भी जानने में आता हैं। कुम्भ की बात करें तो उसके शब्द रस गंध व स्पर्श इनके समुदाय के साथ उसका आधार मध्य व उपरी आकार का ज्ञान होता है

च.अ.आ. 1 सूत्र 35

सूत्र:- नानेकलक्षणैरेकभावनिष्पत्ते:।

अर्थ- अनेक लक्षणो से एक भाव की सिद्धि नहीं हो सकती।

एक जैसे गुण वृत्ति रूप आदि से अवयवी का एक भाव उत्पन्न होता है। भिन्न गुणों के द्रव्य और अ◌ौर अवयव से भिन्न या पृथक अवयवी का भाव या पहचान प्रकट होता है।

च.अ.आ. 1 सूत्र 36

सूत्र>लक्षणव्यवस्थानादेवाप्रतिषेध:।

अथाप्येतदनुक्तं नास्तिकों भावो यस्मात्समुदाय:।

अर्थ- चूँकि जो संज्ञा भूत भाव का लक्षण है वह एक ही में स्थित हैं इसलिए 'कोई एक भाव नही' यह कहना उचित नहीं है।यद्यपि जिसका ज्ञान होता है वह एक ही वस्तु है। एक एक से ही समूह बनता है। तब समूह का आश्रय कर समूही का प्रतिषेध करना सर्वथा असंगत है।क्योंकि यदि एक को न माना जाए तो समुदाय कैसे व किस को कहा जाएगा।

च.अ.आ. 1 सूत्र 37

सूत्र:- सर्वमभावो भावेष्वितरेतराभावसिद्धे:।

• प्रतिज्ञावाक्ये पदयो: प्रतिज्ञाहेत्वोश्च व्याघातादयुक्तम्।*

अर्थ- भावों में परस्पर अभाव सिद्ध होने से सब अभाव रूप जान पड़ता है या होता है।किसी भाव के अशेषपन से इतर कोई अभाव सिद्ध हो सकता है। भाव का निषेध ही अभाव है। अश्व व गौ का अलग अलग रूप है। एक नहीं है। इसी प्रकार असत् प्रत्यस्थ निषेध का भाव शब्द के साथ अभेद होने से सब अभाव रूप है।इस प्रतिज्ञा वाक्य में 'सब' और अभाव' इन पदों और प्रतिज्ञा के हेतु का परस्पर विरोध है। सब शब्द का अर्थ है अशेषपन और भाव का निषेध ही अभाव है। पहला शब्द 'सब' सोपाख्य है जब कि दूसरा शब्द 'अशेषपन' निरूपाख्य है। किसी भी वस्तु का यदि सम्यक उपाख्यान किया जाय तो वह अभाव या निरूपाख्य नहीं हो सकता। ऐसा होने पर व्याघात दोष आ जाता है। जैसे कोई कहे मेरे मुँह में जबान ही नहीं है तो फिर वह बोल कैसे रहा है।

च.अ.आ. 1 सूत्र 38

सूत्र:- न स्वभावसिद्धेर्भवानाम्।

अर्थ- स्वकीय सद्भाव से सब अभाव नहीं हो सकते।कोई एक शब्द विशिष्टता को तो दर्शाता है पर वह अभाव नहीं हो सकता । द्रव्य, गुण,धर्म,कर्म का सत्य आदि सामान्य द्रव्यों का क्रियावत्व पृथ्वी के स्पर्श पर्यन्त विशेष या सामान्य समवाय के विशेष गुण कर्म ग्रहण कि ये जाते हैं। और ये भेद भाव के निरूपाख्य होने से नहीं हो सकता। अर्थ भेद होने को भी अभाव नहीं कहा जा सकता। गौ नही है यह कहने का तात्पर्य अभाव नहीं है,हम कह सकते हैं कि यह गौ रूप भाव आदि से गौ नहीं है। पर हम इसे क्या अभाव कह सकते हैं!नहीं।

च.अ.आ. 1 सूत्र 39

सूत्र:- न स्वभावसिद्धिरापेक्षिकत्वात्।

अर्थ- मात्र अपेक्षा का भाव रखने से या अपेक्षा के सामर्थ्य से स्व भाव की सिद्धि नहीं होती। हस्व से दीर्घ व दीर्घ से हस्व की अपेक्षा तो हो सकती है पर इससे इनके स्व भाव की सिद्धि नहीं हो सकती।

च.अ.आ. 1 सूत्र 40

सूत्र:- व्याहतत्वादयुक्तम्।

• किमपेक्षासामर्थ्यमिति चेद् द्वयोर्ग्रहणेऽतिशय ग्रहणोपपत्ति:।*

अर्थ-दीर्घ या हस्व की अपेक्षाएँ व्याहतत्व से युक्त है।अन्योन्याश्रय दोष के कारण एक की अपेक्षा दूसरे को ग्रहण करने से एक की भी सिद्धि नहीं होती है।

अद्वैत को हम द्वैत में विभक्त कर सकते हैं इसी प्रकार दो से तीन तीन से चार आदि हो सकते हैं। सत रूप से विशेषता न होने से द्वैत भाव नित्य व अनित्य हो जाते हैं। ज्ञाता,ज्ञान व ज्ञेय तीन भेद हैं इसी प्रकार प्रमाता,प्रमाण, प्रमेय व प्रमिति चार रूप जाने जाते हैं।हम आगे भी भेद कर सकते हैं। पर यह सब आपस में अभेद है।या हम कह सकते हैं कि मूल में एक या अद्वैत ही हैं। हम अपेक्षाकृत विश्लेषण कर भेद कर देते हैं।

च.अ.आ. 1 सूत्र 41

सूत्र:- संख्यैकान्तासिद्धि: कारणानुपपत्त्युपपत्तिभ्याम्।

अर्थ-सांख्य व साधन के अलग अलग होने से संख्या का एकांत सिद्ध नहीं होता। यदि साध्य व साधन को अभेद मान भी लिया जाए तब भी साधन के न होने से साध्य का एकांत सिद्ध नहीं होता क्योंकि साधन से विलग कोई भी वस्तु या साध्य पदार्थ का कोई उपयोग या उपपत्ति का कोई तात्पर्य ही नहीं है।

च.अ.आ. 1 सूत्र 42

सूत्र:- न कारणावयवभावात्।

अर्थ-कारण के अवयवत्व से कोई अवयव साधनरूप हो जायेगा इस रीति से व्यतिरेक नहीं आता, संख्यैकान्त की असिद्धि नही है। द्वैत आदि के विषय में भी यही समझना चाहिए।।

चतुर्थ अध्याय आह्निक 1 सूत्र:- 43

सूत्र:- निरवयवत्वादहेतु:।

अर्थ- निरवयव (अंगरहित, अभाज्य या निराकार)होने से सब एक हैं।प्रत्यक्ष,अनुमान और आगम के विरोध से मिथ्यावाद है। तत्वज्ञान के विवेचनार्थ यहाँ एकान्त की परीक्षा की गई है।

च.अ.आ. 1 सूत्र 44

सूत्र:- सद्यः कालान्तरे च फलनिष्पत्ते: संशयः।

अर्थ- यदि फल या परिणाम की प्राप्ति कुछ समय बाद में होती हो तो फल की प्राप्ति अनिश्चित होती है। अर्थात् उसमें संशय होता है। जैसे फल का पकना दूध का दुहना आदि अपेक्षाकृत शीघ्र हो जाता है अतः इसकी निश्चितता अधिक होती है। परन्तु फसल बुआई से लेकर घर आने में काफी समय लगता है अतः फसल की संभावित मात्रा का घर तक, पहुँचने में संशयः बना रहता है। इसी प्रकार स्वर्ग प्राप्ति की कामना से किए गये अग्निहोत्र व यज्ञ से स्वर्ग की प्राप्ति सुनिश्चित नहीं मानी जा सकती।

च.अ.आ. 1 सूत्र 45

सूत्र:- न सद्यः कालान्तरोपभोग्यत्वात्।

अर्थ-जिसका अभी नहीं परन्तु कालान्तर मे उपभोग हो वह कर्म या अवयव। जैसे आज लगाये गये पोधे पर फल आज तो नहीं मिल सकता , फल के, लगने व पकने में समय तो लगता ही है। आवश्यक भी नहीं कि पोधा लगाने वाले को ही उसका फल मिले। स्वर्ग की अपेक्षा से किए गये अग्निहोत्र या यज्ञ का परिणाम फल मृत्योपरान्त ही मिलता है।

च.अ.आ. 1 सूत्र 46

सूत्र:- कालान्तरेणनिष्पत्तिर्हेतुविनाशात्।

अर्थ-कारण के विनाश पर कालांतर में सिद्धि नहीं हो सकती। क्यों कि कारण के नष्ट हो जाने पर क्रिया भी स्वत: नष्ट हो जाती है।

च.अ.आ. 1 सूत्र 47

 सूत्र:- प्राङ्निष्पत्तेर्वृक्षफलवत्तत्स्यात्।

अर्थ- जिस प्रकार फलार्थी वृक्ष के बीज को सींचने आदि का कर्म करता है व इससे बीज मिट्टी जल व उष्मा से रस बनाकर प्रस्फुटित होकर वृक्ष में रूपांतरित होकर कालांतर में फूल व फल में परिवर्तित होता है तब उक्त

समस्त क्रियाओं को सफल माना जाता है इसे हम विनष्ट से फल प्राप्ति की संज्ञा नहीं दे सकते हैं अपितु प्रकृति से धर्माधर्म लक्षण संस्कार से पोषित हो अन्य निमित्त से अनुगृहीत हो कालांतर में फल उत्पन्न होता है उसी प्रकार ही शरीर की भी उत्पत्ति होती है।

च.अ.आ. 1 सूत्र 48

सूत्र:- नासन्न सन्न सदसत्सदसतोर्वैधर्म्यात्।

अर्थ- उत्पन्न होने से पूर्व उत्पत्ति धर्म वाले अवयव को असर नहीं कहा जा सकता। "उपादान कारण" के नियम से किसी भी उत्पत्ति के लिए कुछ विशेष कारक प्रयुक्त होते हैं।सभी के लिए सब के सब नहीं प्रयुक्त होते। उत्पन्न होने से पूर्व ही जो विद्यमान है उसकी उत्पत्ति युक्तियुक्त नहीं कही जा सकती।जैसे भाव रूप का अभाव नहीं हो सकता वैसे ही चूँकि सत् और असत परस्पर विरोधी हैं इसलिए "सदसत" रूप नहीं हो सकता है।

च.अ.आ. 1 सूत्र 49

सूत्र:- उत्पादव्ययदर्शनात्।

अर्थ- उत्पाद की उत्पत्ति है तो उसका व्यय अर्थात् विनाश भी है यही देखने में आता है। उत्पत्ति के पूर्व के जो भी अवयव हैं वे नित्य हैं अत: उन्हें सत् परिभाषित किया जाता है क्योंकि उनका संयोजित योग ही उत्पत्ति का हेतु है।

च.अ.आ. 1 सूत्र 50

सूत्र:- बुद्धिसिद्धं तु तदसत्।

अर्थ-वह कार्य जो असत् है पर बुद्धि से सिद्ध है।उत्पत्ति के पूर्व नियत कारण कार्य को बुद्धि से सिद्ध जान लेता है,इससे उपादान का नियम सिद्ध होता है। परन्तु यदि उत्पत्ति से पूर्व ही कार्य होता तो फिर उत्पत्ति ही क्यों होती।।

च.अ.आ. 1 सूत्र 51

सूत्र:- आश्रयव्यतिरेकाद्वृक्षफलोत्पत्तिवदित्यहेतु:।

अर्थ- जड़ को सींचने के कर्म से फल की प्राप्ति होती है जिसका आधार वृक्ष है। यज्ञादि कर्म के कर्ता को स्वर्गादि फल की मरणोपरांत प्राप्ति का आधार या आश्रय शरीर है। इसी आश्रय या आधार के भेद होने से फल प्राप्ति में काल भेद देखा जा सकता है। वृक्ष का फल उसके जीवन काल में मिल जाता है और शरीर का मरणोपरांत। किन्तु इस प्रकार आधार या आश्रय के भेद से फल प्राप्ति का दृष्टान्त न तो ठीक है न ही समचीन।

च.अ.आ. 1 सूत्र 52

सूत्र:- प्रीतेरात्माश्रयत्वादप्रतिषेध:।।52।।

अर्थ- प्रीति का आश्रय आत्मा है, और वह कर्म जिसे हम धर्म की संज्ञा देते हैं वह भी आत्मा का ही गुण होने के कारण कर्म और उसका फल दोनों आत्मस्वरूप ही है। अत: इसका प्रतिषेध नहीं किया जा सकता है।

च.अ.आ. 1 सूत्र 53

सूत्र:- न पुत्रपशुस्त्रीपरिच्छदहिरण्यात्रादिफलनिर्देशात्।

अर्थ-यज्ञादि पुत्र स्त्री, पशु ,भूमि,ग्राम,अन्नआदि धन की कामना के लिए निर्देशित किये गये हैं, प्रीति के लिए नहीं

च.अ.आ. 1 सूत्र 54

सूत्र:- तत्सम्बन्धात् फलनिष्पत्तेस्तेषु फलवदुपचार:।

अर्थ- उनके(पुत्रादिक के) सम्बन्धों से जो फल प्राप्त होता है उसमें प्रीति भी फल रूप ही होती है। या कह सकते हैं कि उनमें भी फल का आरोप होता है। जैसे "अन्नं वै प्राणा:,यह प्राणत्व का आरोपण है,क्योंकि अन्न से प्राण पुष्ट होते हैं। अत: कह सकते हैं कि सम्बन्धो से फल प्राप्ति के लिए फल का फल की तरह उपचार या व्यवहार किया जाता है।

च.अ.आ. 1 सूत्र 55

सूत्र:- विविधबाधनायोगाद् दु:खमेव जन्मोत्पत्ति:।

अर्थ- जन्म द्वारा शरीर की उत्पत्ति अनेक प्रकार से दुःख रूप ही है। जीव चाहे नारकीय हो, पशु पक्षी रूप हो, मनुष्य रूप हो या देव या वीतरागी सब दुःख से युक्त है, भले ही किसी को अधिक या किसी को कम। जब यह तथ्य कर्ता जान लेता है तो वह सब लोकों की तृष्णा से विमुख हो दुखों से निवृति का मार्ग चुन कर कष्टों से मुक्ति पाने का प्रयास करता है। कोई भी विवेकी व्यक्ति जब यह जान लेता है कि दूध में विष के योग से मृत्यु होती है तो वह ऐसे दूध का उपयोग नहीं कर उसे त्याग देता है वैसे ही शरीर की जन्म द्वारा उत्पत्ति को दुःख का कारण जान कर जन्म मरण से मुक्ति पथ का आश्रय लेता है।

च.अ.आ. 1 सूत्र 56

सूत्र:- न सुखस्याप्यान्तराल निषपत्तेः |

अर्थ- सुख यदि दुःख के मध्य प्राप्त होता भी है तो प्राप्ति अशक्य होने पर उसका निषेध कर यह मान लिया जाता है कि सुख है ही नहीं बस दुःख ही दुःख है। किन्तु यह सत्य तो नहीं सिद्ध हो सकता।।

च.अ.आ. 1 सूत्र 57

सूत्र:- बाधनानिवृत्तेर्वेदयतः पर्येषणदोषादप्रतिषेधः|

अर्थ-निवृत्ति के पश्चात भी जो प्रवृत्ति दोष होता है,जिसे हम पर्येषण दोष कह सकते हैं के कारण दुःख भावना का प्रतिषेध नही होता। अर्थात् वास्तविक सुख जानने वाला भी एक याचना करके,न्यून,अल्प,या पूर्ण यथेष्ट पा लेने के पश्चात उसे पुनः नई कामना उत्पन्न हो जाती है या विपरीत फल प्राप्त होने पर पुनः हेतु की प्राप्ति के लिए प्रयत्न करता है वह पर्येषण दोष हैं जिसके कारण कभी संतुष्टि नहीं मिलती व दूसरी इच्छा उत्पन्न हो जाती हैं।इससे सिद्ध है कि दुःख की भावना का प्रतिषेध नहीं हो सकता।

च.अ.आ. 1 सूत्र 58

सूत्र:- दुःखविकल्पे सुखाभिमानाच्च।

अर्थ-दुःखविकल्प में सुखाभिमान के चयन पर भी दुःख ही मिलता है क्योंकि हम दुःख से निवृत्ति हेतु सुख में प्रवृत्ति हेतु पुरूषार्थ करने को अपना कल्याण मानता है। जिससे वह प्रायः मिथ्या संकल्प कर सुख के साधन विषयों में

अनुरक्त हो जाता है। जिससे कर्म बंधन स्वरूप जन्म, मरण, जरा, व्याधि, इष्ट वियोग अनिष्ट संयोग जैसे दु:ख ही प्राप्त होते हैं।

च.अ.आ. 1 सूत्र 59

सूत्र>ऋणक्लेशप्रवृत्यनुबन्धादपवर्गाभाव:।

अर्थ-ऋण(ब्रह्मचर्य से ऋषि, यज्ञ से देव, व संतान से पितृ ऋण) व क्लेश से मृत्यु पर्यन्त अनुबंध के कारण मनुष्य यावज्जीवन अग्निहोत्र आदि कर्म में अनुरक्त रहने के कारण वह अपवर्गप्रदाय युक्तियों में प्रवृत्ति नहीं रह पाता इससे अपवर्ग का अभाव हो जाता है।

च.अ.आ. 1 सूत्र 60

सूत्र>प्रधानशब्दानुपपत्तर्गुणशब्देनानुवादोनिन्दाप्रशंसोपपत्ते:।। 60।।

*उभयाभावस्तु प्रधानशब्दार्थे। *

*अर्थित्वस्य चाविपरिणामे जरामर्यवादोपपत्ति:। *

*प्रत्यक्षविधानाभावादिति चेद्रप्रतिषेधस्यापि प्रत्यक्षविधानाभावादिति। *

*अधिकाराच्च विधानं विद्यान्तरवत्। *

अर्थ- प्रधान शब्द की असंगति होने से निन्दा व प्रशंसा के लिए अनुवाद में गौण शब्दों का प्रयोग किया जाता है।

प्रधान शब्दों के उभय (दो)भाव नहीं हो सकते उन्हें हम गौण भाव में प्रयुक्त करते हैं।

कर्म करने का अधिकार अर्थी व समर्थ का ही है।

जायमान शब्द माता से उत्पन्न बालक के लिए प्रयुक्त होता है उसमें अर्थित्व व शक्ति दोनों का अभाव होता है। वैदिक वाक्य लौकिक वाक्यों के विरूद्ध नहीं हो सकता। उपदेश उन्हीं के लिए होता है जो उपदिष्ट को जानता व समझता है।

होते शिशु को हम कोई उपदेश इसलिए नहीं देते क्योंकि न तो वह समझता है न ही उसमें कार्य करने की वांछित शक्ति होती है।

विविध विद्याओं का विधान भिन्न होता है उन पर अधिकार तदनुरूप या तदानुसार ही ज्ञेय है।

हम यह भी कह सकते हैं कि भले ही कर्म एक समान हो पर अलग अलग भावों के कारण उनकी परिणीति अलग अलग ही होती है। सकाम यज्ञ से जीवन मृत्यु व कर्म बन्धन होता है जबकि निष्काम यज्ञ से मोक्ष प्राप्त होती है।

च.अ.आ. 1 सूत्र 61

सूत्र:- समारोपणादात्मन्यप्रतिषेधः।

अर्थसमारोपण से तादात्म्य का प्रतिषेधन कहा गया है। सार यह है कि हमें जो कुछ प्राप्त है उसे हमें आत्माग्नि में समारोपित कर सन्यास भाव से जीवन जीना चाहिए। यहाँ तक कि वेदों के ज्ञान को भी यज्ञ का हव्य बना कर आत्मज्ञानी हो कर सन्यास भाव से जीवन जिए।

च.अ.आ. 1 सूत्र 62

सूत्र:- पात्रचयान्तानुपपत्तेश्च फलाभावः।

* तद्प्रमाणमिति चेद् न प्रमाणेन प्रामाण्याभ्यनुज्ञानात्*

अर्थ- फल के अभाव में पात्र के चयन के हो जानें पर चयनकर्ता व पात्र को कर्म बंधन की उपपत्ति नहीं होती है।

इतिहास, पुराण, धर्म शास्त्र, आदि को ब्राह्मण ग्रन्थों ने प्रमाण माना है। ब्राह्मणोक्त इन सद्ग्रन्थों को प्रमाण नहीं मानने पर प्राणियों के सारे व्यवहारों के लोप होने की पूरी संभावना है, और इस व्यवहारलोप से जगत् के भी नष्ट या लोप होने की पूरी पूरी संभावना है। ब्राह्मण ग्रन्थों, संहिताओं, व धर्म शास्त्रों के जो दृष्टा व व्याख्याता हैं वे ही इतिहास, पुराण व धर्म शास्त्र के भी दृष्टा व व्याख्याता हैं। विषयों की व्यवस्था के अनुसार सब के भिन्न भिन्न प्रमाण हैं। जैसे इन्द्रियों की प्रमाणता उनके अपने विषयों से है। रूप के प्रत्यक्ष में चक्षु, गंध के प्रमाण में घ्राण आदि। इसी प्रकार संहिता, ब्राह्मण ग्रन्थों व धर्म शास्त्र के विषय भिन्न भिन्न है।

च.अ.आ. 1 सूत्र 63

सूत्र:- सुषुप्तस्य स्वप्रादर्शने क्लेशाभावादपवर्गः।

अर्थ- स्वप्र रहित निद्रावस्था में कोई क्लेश रागादि भाव नहीं होता है। कहने का तात्पर्य यह है कि जो ज्ञानी जन हैं , जो ब्रह्म को जानते हैं वे सुख दुःख के भाव से ऊपर रहकर सब को ईश्वर की कृपा मानकर निश्चिन्त रहते हैं।

च.अ.आ. 1 सूत्र 64

सूत्र:- न प्रवृत्तिः प्रतिसन्धानाय हीनक्लेशस्य।

* कर्मवैफल्यप्रसङ्गइति चेद् न कर्मविपाकप्रतिसंवेदनस्याप्रत्याख्यानात्। *

अर्थ- जिस आत्मा के क्लेश नष्ट हो जाते हैं वह पुनः प्रकृति से संयुक्त होने अथवा जन्म मरण की प्रवृति से मुक्त हो जाते हैं।

कर्मवैफ्लय प्रसंग से अर्थात् राग अनुराग से मुक्त कर्म पुनर्जन्म का कारण नहीं बनते। पूर्व जन्म के निवृत होने पर ही पुनर्जन्म होता है कर्म विपाक के भोग का कहीं कोई खण्डन नहीं है। परन्तु मुक्त पुरुष का पुनर्जन्म होता ही नहीं है इसलिए उसके कर्म विपाक के भोग का कोई प्रश्न ही नहीं उठता।

च.अ.आ. 1 सूत्र 65

सूत्र:- न क्लेशसन्तते: स्वाभाविकत्त्वात् ।

अर्थ-क्लेशसंतति के स्वाभाविक होने से क्लेशानुबन्ध का विरोध या विच्छेदन नहीं किया जा सकता। तात्पर्य यह है कि रागादि परम्परा अनादि होने के कारण इसका अभाव नहीं हो सकता। या कह सकते हैं कि प्राणी इससे मुक्त नहीं हो सकता।

च.अ.आ. 1 सूत्र 66

सूत्र>प्रागुत्पत्तेरभावानित्यत्त्ववत्स्वाभाविकेप्यनित्यत्त्वम्।

अर्थ-रागादि परम्परा को अनादि परम्परा मानकर इसके अभाव के न होने के सिद्धांत के विपरीत यह सूत्र कहता है कि जैसे किसी भी वस्तु की उत्पत्ति के पहले अनादि प्राग्भाव उत्पन्न या उत्पत्ति भाव से निवृत हो जाता है वैसे ही स्वाभाविक क्लेश संतति या रागादि भाव भी अनित्य है।

च.अ.आ. 1 सूत्र 67

सूत्र:- अणुश्यामतानित्यत्वद्वा।

अर्थ- एक मत यह भी है कि अणुश्यामलता जो कि अनादि है वह भी अग्नि के संसर्ग से अनित्य हो जाती है। इसी भांति क्लेश परम्परा या यागादि भी अनित्य है। भाव रूप पदार्थ के नित्यत्व व अनित्यत्व दोनों ही धर्म है। अणु की श्यामलता का अनादि होना हेत्वाभावयुक्त है। अनुत्पत्ति धर्म वाला अनित्य है यह कहने का कोई हेतु प्रतीत नहीं होता।

च.अ.आ. 1 सूत्र 68

सूत्र:- न संकल्पनिमित्तत्वाच्च रागादीनाम्।

अर्थ- रागादि का निमित्त संकल्प है। तत्व ज्ञान होने से किसी भी प्रकार के मिथ्या संकल्प उत्पन्न नहीं होते। साथ ही यह भी एक सत्य है कि बिना कारण के उत्पन्न हुए कोई कार्य भी उत्पन्न नहीं होता। इस लिए रागादि भी बिना कारण के उत्पन्न नहीं हो सकता अत: अपवर्ग होना असहज भी नहीं है।

च.अ.आ. 1 सूत्र 68

सूत्र:- न संकल्पनिमित्तत्वाच्च रागादीनाम्।

अर्थ- रागादि का निमित्त संकल्प है। तत्व ज्ञान होने से किसी भी प्रकार के मिथ्या संकल्प उत्पन्न नहीं होते। साथ ही यह भी एक सत्य है कि बिना कारण के उत्पन्न हुए कोई कार्य भी उत्पन्न नहीं होता। इस लिए रागादि भी बिना कारण के उत्पन्न नहीं हो सकता अत: अपवर्ग होना असहज भी नहीं है।

इस प्रकार न्याय दर्शन के चतुर्थ अध्याय के प्रथम आह्निक की इति कर हमने अपवर्ग को परीक्षा से जाना।

अब इसके पश्चात यह जानने का प्रयास करते हैं क्या सभी सांसारिक विषयों हेतु अपना अलग अलग ज्ञान होता है या हमें केवल किसी किसी विषय का ही ज्ञान हो पाता है।

चूंकि ज्ञेय वस्तुऐं अनन्त है उन सब का विशिष्ट विषयक ज्ञान होना अत्यंत दुष्कर है। किन्तु हम यह कहकर भी निश्चिन्त नहीं हो सकते कि केवल कुछ ही विषयों का ज्ञान ही प्राप्त किया जा सकता है या कुछ विषयों का ही ज्ञान

उत्पन्न होता है लेकिन जहाँ हम यह मान कर निश्चिन्त हो जाते हैं वहीं मोह का रह जाना सुनिश्चित हो जाता है। दूसरे शब्दों में यह कहा जा सकता है कि जहाँ भी हम अन्य विषयक ज्ञान से किसी अन्य विशिष्ट ज्ञान को समझ ने का प्रयास करते हैं वहीं तत्वज्ञान के अभाव से मोह का दूर होना दूभर हो जाता है। इसे ही मिथ्या ज्ञान कहा गया है। यही मिथ्या ज्ञान सांसारिक रागादि का बीज है। यह बात तत्व ज्ञान से ही जानी जा सकती है।

मिथ्या ज्ञान वस्तुतः अनात्म में आत्मा का भान ही है। जैसे हम शरीर, मन व इन्द्रिय आदि में आत्मा को मान कर अभिमान करें। यह अभिमान ही सांसारिक रागादि विषयों का बीज है।

हम शरीरादि में आत्मा का अहंकार कर शरीरादि के नाश को ही आत्मा का नाश माने एवं शरीर को अक्षुण्ण मानते हुए उत्पन्न तृष्णा की तुष्टि हेतु सकाम कर्म करते हुए जन्म मृत्यु के दुष्चक्र में संलिप्त होकर यत्न करने लग जाते हैं

आह्निक 2 (तत्त्वज्ञानोत्पत्तिप्रकरणम्)

च.अ.आ. 2 सूत्र सूत्र 1

सूत्रः- दोषनिमित्तानां तत्वज्ञानादहङ्कारनिवृत्तिः। सिद्धान्त सूत्र)

अर्थ- अहंकार की निवृत्ति दोषों के निमित्त के तत्वज्ञान से ही होती है। शरीरादि दुःखांत प्रमेय दोष के निमित्त हैं। क्योंकि हम जो मिथ्या ज्ञान होता है वह उसी के विषय से संबंधित ही होता है और तत्वज्ञान ही इस मिथ्या ज्ञान अथवा अहंकार को दूर करता है। तत्व ज्ञान से दुःख, जन्म, प्रवृत्ति, दोष और मिथ्या ज्ञान को उत्तरोत्तर नष्ट कर अपवर्ग का मार्ग प्रशस्त करता है।

च.अ.आ. 2 सूत्र 2

सूत्रः- दोषनिमित्तं रूपादयो विषयः संकल्प कृता।(सिद्धान्त सूत्र)

अर्थ काम के विषय इन्द्रियों के अर्थ रूप आदि कहे जाते हैं। इनसे मिथ्या संकल्पित राग द्वेष और मोह उत्पन्न होते हैं। अतः इनका त्याग करके उक्त मिथ्या संकल्पों से बचें। मिथ्या संकल्पों से निवृत होने पर अध्यात्म शरीरादि

का प्रत्याख्यान करें जिससे आध्यात्म विषयक अहंकार दूर हो। इस प्रकार भीतर बाहर से विरक्त चित्त हो कर ही मुक्त हुआ जा सकता है।

च.अ.आ. 2 सूत्र 3

सूत्र:- तन्निमित्तं त्ववयव्यभिमान:।

अर्थ-दो प्रकार की संज्ञा को परिष्कार कहते हैं, एक निमित्त संज्ञा व दूसरी अनुव्यञ्जन संज्ञा। दांत औठ,आँख, नाक आदि निमित्त संज्ञा है। विशेषण युक्त निमित्त संज्ञा को अनुव्यञ्जन संज्ञा कहते हैं। जैसे- ऐसे होठ जैसे गुलाब, ऐसे सुन्दर दांत, शुक जैसी ऊँची नाक आदि। जिसके कारण दोष या रागादि की उत्पत्ति होती है यदि हम उनको हेय समझ कर छोड़ दें तो रागादि दूर हो जायेंगे व दोषों की उत्पत्ति नहीं होगी। जैसे हम शरीर या उसके भागों को केवल हाड या मांस का एक लो गर्दन, मोती जैसे दांत आदि तो आकर्षण व अनुराग का थड़ा समझ कर उसके प्रति आकर्षण छोड़ दें तो अनुराग कैसे होगा। और यदि होना निश्चित ही है।हम कहने लगें गुलाब की पंखुड़ी जैसे होठ, सुराही दार ।

च.अ.आ. 2 सूत्र 4

सूत्र:- विद्याऽविद्याद्वैविध्यात् संशय:।

अर्थ- सत् और असत् रूप का ज्ञान होने से विद्या दो प्रकार की होती है। इसी प्रकार सत् और असत् का ज्ञान न होने से अविद्या भी दो प्रकार की होती है। इस प्रकार दोनो(विद्या ऐर अविद्या) मे दो दो प्रकार होने से संदेह उत्पन्न होता है कि अवयवी अवयव से भिन्न है या नहीं।

च.अ.आ. 2 सूत्र 5

सूत्र:- तदसंशय: पूर्वहेतुप्रसिद्धत्वात्।

अर्थ- पूर्वोक्त संदेह कि अवयवी अवयव से भिन्न है या नहीं के प्रतिपादित होने पर भी अवयवी में कोई संदेह उत्पन्न नहीं हो सकता। क्योंकि धारण और आकर्षण की उपपत्ति से भी अवयवी की सिद्धि होती है हम कह सकते हैं कि एक अवयव का धारण करने से सबका धारण हो जाता है और एक आकर्षण से सभी सन्निहित का आकर्षण हो जाता है(अध्याय 2 सूक्त 35)

च.अ.आ. 2 सूत्र 6

सूत्र:- वृत्यनुपपत्तेरपि तर्हि न संशय:।

अर्थ- वृत्त अर्थात् अस्तित्व की सिद्धि सेअनुपपत्ति अर्थात् असहमति या असंगति से संशय का कारण क्या है।

च.अ.आ. 2 सूत्र 7

सूत्र> कृत्स्नैकदेशावृत्तित्वादवयवानामवयव्यभाव:।

अर्थ- अलग अलग देशानुसार वृत्ति व परिमाण भेद के कारण एक एक करके सम्पूर्ण अवयव एक अवयवी में समाहित नहीं हो सकते, यद्यपि अवयव छोटा होता है और अवयवी बड़ा।

च.अ.आ. 2 सूत्र 8

सूत्र:- तेषु चावृत्तेरवयव्यभाव:।

अर्थपरिमाण में छोटा होने के कारण अवयव में अवयवी नहीं रह सकता। उनमें अर्थात् अवयव में वृत्ति न होने से अवयवी का भाव नहीं होता, और इसी अभाव के कारण अवयवी के होने में भी सन्देह प्रतीत होता है।

च.अ.आ. 2 सूत्र 9

सूत्र:- पृथक् चावयवेभ्यो: वृत्ते:।

अर्थ-अवयवों की भी पृथक वृत्ति होती है। धर्मी अवयवों से पृथक धर्म का ग्रहण न होने से अवयवी सिद्ध नहीं होता है।

च.अ.आ. 2 सूत्र 10

सूत्र:- आत्मनित्यत्वे प्रेत्यभावसिद्धि:।।10।।

अर्थ-आत्मा को नित्य कहा गया है। नित्य का जन्म अथवा मरण नहीं होता। किन्तु प्रेत्यभाव मर कर जन्म लेने को कहते हैं। आत्मा नित्य होने से उसका प्रेत्यभाव सिद्ध नहीं हो सकता। यद्यपि आत्मा मरती नहीं है न ही

पुनर्जन्म लेती है किन्तु एक शरीर त्याग कर दूसरा नूतन शरीर में प्रवेश करती है।और आत्मा के इसी क्रिया भाव को ही आत्मा का प्रेत्यभाव कह कर सिद्ध किया जा सकता है।।

च.अ.आ. 2 सूत्र 11

सूत्र:- व्यक्ताव्यक्तानां प्रत्यक्षप्रामाण्यात् ।।11।।

अर्थ- व्यक्त से व्यक्त की उत्पत्ति के प्रत्यक्ष प्रमाण है। परम सूक्ष्म नित्य व्यक्त पृथ्वी आदि से शरीर इन्द्रिय विषयोपकरण का आधार व्यक्त द्रव्य उत्पन्न होता है। अन्य शब्दों में रूप आदि गुण युक्त नित्य पृथ्वी आदि भूतों से रूप आदि गुण युक्त शरीर उत्पन्न होता है।

च.अ.आ. 2 सूत्र 12

सूत्र >अवयवान्तराभावेप्यवृत्तेरहेतु।

* नित्येषु कथामिति चेन्नई अनित्येषु दर्शनात्सिद्धिम्। *

अर्थ भले ही कोई देश अवयवान्तर भूत हो तथापि अवयवान्तर मे अवयव की वृत्ति होगी अवयवी की नहीं। एक की अनेक में आश्रयाश्रयी संबंध रूप ही वृत्ति है। आश्रय का अर्थ अन्यत्र स्वरूप लाभ की किसी में किसी की अनुपपत्ति को कहते हैं। कारण द्रव्य से भिन्न स्थान में कार्य द्रव्य आत्म स्वरूप को प्राप्त नहीं होता। सदा अवयवी के अभिमान का निषेध किया जाता है। अवयनी की असिद्ध से सबका अग्रहण हो जाता है। जो नित्य है उसकी सिद्धि कथन मात्र से हो सकती है किन्तु अनित्य की सिद्धि बिना दर्शन या प्रत्यक्ष के नहीं मानी जा सकती।

च.अ.आ. 2 सूत्र 13

सूत्र:- केशसमूहे तैमिरिकोपलब्धिवत्तदुपलब्धि:।

अर्थ- जैसे एक परमाणु (घटक)का प्रत्यक्ष न होते हुए भी उसके समूह रूप में घट का साक्षात्कार हो जाता है,उसी प्रकार तिमिराच्छादित आँख से एक बाल का प्रत्यक्ष नहीं होता पर बालों के समूह या समुदाय का साक्षात्कार हो जाता है।अवयव भी परमाणु का ही एक रूप है अवयवी भी परमाणु के समूह के अतिरिक्त क्या है?यही वास्तविक ज्ञान है।

च.अ.आ. 2 सूत्र 14

सूत्र:- स्वविषयानतिक्रमेणेन्द्रियस्यदुमन्दभावाद्विषयग्रहणस्य तथाभावो नाविषये प्रवृत्ति:|

* संचयमात्रं विषय इति चेद् न संचयस्य संगोगभावात्तस्य चातिन्द्रियस्याग्रहणादयुक्तम्।*

अर्थ- अपने अपने विषय में इन्द्रियों की पटुता और मन्दता से ही विषय ज्ञान में पटुता और मन्दता होती है। मात्र कितने ही उल्कृष्ट क्यों न हो पर अपने अविषय गन्ध का ग्रहण नहीं कर सकते।ऐसे ही भले ही कितने ही कमजोर या निकृष्ट क्यों न हो नेत्र कुछ तो देख ही लेते हैं। परमाणु अतिन्द्रिय पदार्थ है उसका ग्रहण किसी इन्द्रिय से संभव नहीं है। किन्तु यदि परमाणु समुदाय का ज्ञान मानोगे तो अविषय में भी इन्द्रिय की प्रवृत्ति माननी होगी जो अनुचित एवं असंभव है।

इन बातों से द्रव्यान्तर सिद्ध होता है जिसका इन्द्रिय से ग्रहण होता है।

च.अ.आ. 2 सूत्र 15

सूत्र:- अवयवावयवविप्रसगश्चैवमा प्रलयात्|

अर्थ-अवयवों में वृत्ति के निषेध मानने से अवयवी का ही अभाव सिद्ध हो जाने पर अवयव का अवयवों में वृत्ति के प्रतिषेध से सब का ही अभाव हो जायेगा। या यह भी कहा जा सकता है कि निरवयवपन से परमाणुत्व की ही निवृत्ति हो जायेगी जिसे हम प्रलय भी कह सकते हैं।

च.अ.आ. 2 सूत्र 16

सूत्र:- न प्रलयोऽणुसद्भावात्।

अर्थ- परमाणु सद्भाव से अभाव नहीं हो सकता।

और अधिक विखंडन के अभाव में परमाणु निरवयव सिद्ध है दिससे उसका और कोई अवयव नहीं प्राप्त किया जा सकता है। यद्यपि इससे अवयव विभक्ति का आश्रय लेकर वृत्ति के प्रतिषेध से अर्थात् अवयव विभक्ति से प्राप्त निवृत्ति,अभाव को अभाव सिद्ध नहीं कर सकती।

इससे सिद्ध होता है कि परमाणु सद्भाव के कारण अभाव की सिद्धि नहीं है।

च.अ.आ. 2 सूत्र 17

सूत्र:- परं वा त्रुटे:।

अर्थ- दूसरे शब्दों में हम निरवयव या परमाणु उसे कह सकते हैं जो त्रुटि से परे हैं।

च.अ.आ. 2 सूत्र 18

सूत्र:- आकाशव्यतिभेदात् तदनुपपत्ति:।

अर्थ- परमाणु के निरवयवत्व से अलग यह धारणा है कि आकाश के व्यतिभेद या कहिए कि विभाग भेद के कारण निरवयव परमाणु की उपपत्ति नहीं हो सकती। यह धारणा यह कहती है कि परमाणु भीतर और बाहर से आकाश से व्याप्त होने से यह सावयव है, अत: नित्य न होकर अनित्य है।

च.अ.आ. 2 सूत्र 19

सूत्र:- आकाशासर्वगतत्वं वा।

अर्थ-यदि हम ऐसा कहें कि परमाणु में आकाश तत्व नहीं है अर्थात् आकाश असर्वगतव है तो आकाश को हम फिर सर्वत्र व्यापी नहीं कह सकेंगें। अत: हमें परमाणु के बाहर और अन्दर आकाश तत्व को मानना ही पड़ेगा।

च.अ.आ. 2 सूत्र 20

सूत्र:- अन्तर्बहिश्चकार्यद्रव्यस्य कारणान्तरवचनादकार्ये तद् भाव:।

अर्थ- कारणान्तर के वचन से कार्य द्रव्य के बाहर और अन्दर के अकार्य से उनका (व्यवहार का) अभाव है। चूंकि परमाणु उसे कहते हैं कि जिससे छोटा या सूक्ष्म कुछ न हो, यदि वह परमाणु भी कार्य रूप रहित हो तो उसमें अन्दर या बाहर का कोई व्यवहार होता ही नहीं है। अर्थात् परमाणु के बाहरव भीतर कार्य का अभाव ही रहता है। भीतर बाहर का व्यवहार कार्य द्रव्य में ही होता है। कार्य द्रव्य के अभाव में नहीं।।

च.अ.आ. 2 सूत्र 21

सूत्र:- शब्दसंयोगविभवान्च सर्वगतम्।। 21।।

अर्थ- आकाश में शब्द और संयोग सर्वत्र है। कोई भी मूर्तिमान द्रव्य ऐसा नहीं है जो आकाश से रहित हो। दूसरे शब्दों में हम कह सकते हैं कि आकाश में असर्वगतत्व नहीं हो सकता।

च.अ.आ. 2 सूत्र 22

सूत्र:- अव्यूहाविष्टम्भविभुत्वानि चाकाशधर्मा:।

*अण्ववयवस्याणुतरत्वप्रसङ्गादणुकार्यप्रतिषेध:।। *

अर्थ- आकाश के तीन धर्म हैं 1. अव्यूह 2.अविष्टम्भ 3.विभुत्व।

आकाश निरवयव है इसलिए प्रति घाती नहीं है। न ही आकाश स्पर्शवान है। निरवयव होने से काष्ट से जल की तरह अप्रतिघाती द्रव्य का व्यूहन भी नहीं होता। इसलिए हमें स्पर्शवान द्रव्य में देखे हुए गुणधर्म की शंका स्पर्श रहित वस्तु में नहीं करनी चाहिए। अवयव की कारण विभक्ति से कार्य का अनित्यत्व होता है न कि आकाश के समावेश से।

व्यूह= वेग से जाते पदार्थ का दूसरे से टकरा कर पीछे हट कर लौटने को व्यूह कहते हैं।

विष्टम्भ=आगे जाने से रूक जाने की क्रिया को विष्टम्भ कहते हैं।

च.अ.आ. 2 सूत्र 23

सूत्र:- मूर्तिमतां च संस्थानोपपत्तेरवयवसद्भाव:।

अर्थ- मूर्त या परिमित स्पर्श वाले पदार्थों के त्रिकोण चतुष्कोण, सम, और वृतादि आकार होते हैं। यह आकार एक अवयव संरचना है। परमाणु गोल या वृत्ताकार होने से वह भी सावयव है निरवयव नहीं है।

च.अ.आ. 2 सूत्र 24

सूत्र:- संयोगोपपत्तेश्च।

अर्थ- संयोग की उपपत्ति से भी परमाणु का सावयव होना सिद्ध होता है। किसी भी पदार्थ का परमाणु उस पदार्थ के मध्य में स्थित होता है और उस

मध्य के चारों और भी परमाणु संयुक्त होकर रहते हैं। यह संयुक्तता ही परमाणु को सावयव बनाती है।

च.अ.आ. 2 सूत्र 25

सूत्र>अनवस्थाकारित्वादनवस्थानुपपत्तेश्चाप्रतिषेधः।

अर्थ- सभी मूर्तिमान व संयुक्त पदार्थ सावयव है। यह हेतु अनवस्थाकारी है किन्तु अनवस्थायुक्त नहीं है। अवस्था के हेतु यथार्थ होने के कारण निरवयत्व का निषेध नहीं हो सकता। अनवस्था होने से प्रत्यधिकरण द्रव्यावयों के अन्तवीर्यामितविक्रमस्त्वं से परिमाण भेद व गुरूता का ग्रहण नहीं होता बल्कि अवयवी और अवयव का तुल्य परिमाणत्व हो जायेगा।।

च.अ.आ. 2 सूत्र 26

सूत्र:- बुद्ध्या विवेचनात्तु भावानां यायात्म्यानुपलब्धिस्तन्त्वपकर्षणे पटसद्भावानुपलब्धिवत् तदनुपलब्धिः।

अर्थ- बुद्धि से विवेचन करने से पदार्थो की यथार्थ उपलब्धि नहीं हो सकती। यदि हम पदार्थ के अलग अलग तत्व या तन्तु का केवल विवेचन करेंगें तो हम इससे हमें कोई अन्य पदार्थ उपलब्ध नहीं होगा। पट बुद्धि अर्थात् मिथ्या ज्ञान से यथार्थ उपलब्धि नहीं होगी क्योंकि वहाँ विषय नहीं रहा, ऐसा ही जानना व मानना चाहिए।

च.अ.आ. 2 सूत्र 27

सूत्र:- व्याहतत्त्वादहेतुः।

अर्थ- व्याहत दोष अर्थात् जहाँ भावों कि विवेचना बुद्धि से की जाने पर सब भावों की याथात्म्य को अनुपलब्धि नहीं हो और यदि सब भावों के याथात्म्य की अनुपलब्धि होती है तो बुद्धि से विवेचना नहीं यह दोनो बातें परस्पर विरोधी होने से एक नहीं हो पाना।

च.अ.आ. 2 सूत्र 28

सूत्र:- तदाश्रयत्वादपृथग्ग्रहणम्।

अर्थ- कार्यद्रव्य कारण द्रव्य के आश्रित रहने से कारणों से पृथक उपलब्धि नहीं होती। विपर्यय (प्रतिकूलता) में पृथक मानने या ग्रहण करने से जहाँ आश्रयाश्रितभाव नहीं होता वहाँ विवेचन बुद्धि से करने के कारण पदार्थों का भेद जान पड़ता है।

च.अ.आ. 2 सूत्र 29

सूत्र:- प्रमाणतश्चार्थप्रतिपत्तेः।

अर्थ-प्रमाण से अर्थ की सिद्धि होती है। प्रमाण से जो भी उपलब्धि या सिद्धि होती है वह भाव का बुद्धिजन्य विवेचन है। इस विवेचन से ही सारे शास्त्र, सारे काम और सारे व्यवहार चलते हैं। बुद्धि युक्त परीक्षा से ही किसी पदार्थ या तत्व के अस्तित्व का निर्णय होता है कि वह है या नहीं है। उचित है या अनुचित है। इससे सब पदार्थों का अभाव मान लेना असंगत है।

च.अ.आ. 2 सूत्र 30

सूत्र:- प्रमाणानुपपत्त्युपपत्तिभ्याम्।। 30।।

अर्थ-प्रमाण की उपपत्ति और अनुपपत्ति दोनों से " सापेक्ष असिद्धि की परिकल्पना या सिद्धांत सही नहीं है। इसका कारण है प्रमाण पदार्थ की विद्यमानता। और यदि यह कहा जाए कि प्रमाण पदार्थ या प्रमाण है ही नहीं, उसकी कोई विद्यमानता नहीं है तो उसकी सिद्धि हो ही नहीं सकती। और यदि कोई यह कहे कि बिना प्रमाण के भी सिद्धि है फिर तो सब के होने की बात की भी पुष्टि हो जाती है।

च.अ.आ. 2 सूत्र 31

सूत्र:- स्वप्रविषयाभिमानवदयं प्रमाणप्रमेयाभिमानः।

अर्थ-जैसे स्वप्न में विषय सत्य न होने पर भी उसका अभिमान होता है उसी प्रकार प्रमाण व प्रमेय के भी कुछ न होने पर भी उसका अभिमान तो होता ही है।

च.अ.आ. 2 सूत्र 32-3

सूत्र>मायागन्धर्वनगरमृगतृष्णिकावद्वा 32।।

हेत्वभावादसिद्धि:।

प्रतिबोधेऽनुलम्भादिति चेत् प्रतिबोधविषयोपलम्भाद प्रतिषेध:

स्वप्रान्तविकल्पे च हेतुवचनम्।

अर्थमायावी गन्धर्व नगर अथवा मृगतृष्णा की भांति प्रमाण व प्रमेय दोनों ही मिथ्या है। प्रमाण व प्रमेय दोनों ही कल्पित भाव है। हम इसे भ्रम या अवास्तविक भी कह सकते हैं।

हेतु के अभाव से बाह्य विषय का अभाव सिद्ध नहीं हो सकता। स्वप्र के विषय असत ही होते हैं।

किन्तु यदि हम यह कहें कि स्वप्र के विषय वास्तविक नहीं होते तो दूसरे शब्दों में यह कहा जा सकता है कि जाग्रत अवस्था के विषय वास्तविक होते हैं क्योंकि वे उपलब्ध होते हैं। विपर्यय अर्थात् प्रतिकूलता में हेतु की शक्ति है। यदि स्वप्र के विषयों को जाग्रत अवस्था में अनुपलंभ(अप्राप्यता) मानेंगें तो जाग्रत अवस्था में उपलम्भ(प्राप्त) विषयों का सत्य होना भी स्वीकारना होगा।

च.अ.आ. 2 सूत्र 34

सूत्र:- स्मृति संकल्पवच्च स्वप्रविषयाभिमानवदयं:।

* उभयाविशेषे तु साधनार्थक्यम्*

अर्थ-स्मृति व संकल्प की ही भांति स्वप्र भी विषयाभिमान ही है।

स्मृति हो या संकल्प दोनों के ही विषय पूर्व उपलब्ध होते हैं। इन पूर्व विषयों का खण्डन जिस प्रकार नहीं किया जा सकता हम स्वप्राभिमान का भी खण्डन नहीं कर सकते, क्योंकि स्वप्र के विषय भी हमारी स्मृति में कहीं न कहीं व्याप्त होते हैं। सुप्तावस्था बुद्धि वृत्ति व जागृत बुद्धि वृत्ति में कुछ भेद होता है। जागृत बुद्धि वृत्ति में स्वप्र में अनुभूत विषय का हम प्राय: खण्डन करते हैं । हमें वह अनर्थक जान पड़ता है। किसी भी धर्म या विशेषता का किसी वस्तु या साधन मे होना उसके प्रधानता के अधीन है। स्वप्र में हाथी, पर्वत, अश्व पक्षी यहाँ तक कि स्वयं की सहभागिता या इनका अतिचार वस्तुत: इनके वास्तविक होने पर ही दिखाई देता है।

च.अ.आ. 2 सूत्र 35

सूत्र:- मिथ्यापलब्धिविनाशस्तत्वज्ञानात्स्वप्रविषयाभिमानप्रणाशवत्प्रतिबोधे।

अर्थ- मिथ्या ज्ञान का तत्व ज्ञान से उसी प्रकार विनाश हो जाता है जिस प्रकार स्वप्र से जागने पर स्वप्र विषयक अभिमान का। तत्व ज्ञान जो पदार्थ या द्रव्य को यथारूप समझने को कहते हैं और मिथ्याज्ञान वह है जिसमें हम असामान्य कल्पना को यथार्थ मानने लगें जैसे पेड के तने में पुरूष के होने का भान, एन्द्रजालिक भ्रम आदि।

च.अ.आ. 2 सूत्र 36

सूत्र:- बुद्धेश्चैवं निमित्तसद्भावोपलम्भात्।

अर्थ-की ही भांति मिथ्या बुद्धि का निषेध नहीं किया जा सकता क्योंकि दोनों में ही उनका कारण व सत्ता दोनो की उपलब्धता है। इसी कारण इन दोनों से प्रत्येक मनुष्य प्रभावित रहता है।

च.अ.आ. 2 सूत्र 37

सूत्र:- तत्वप्रधानभेदाच्च मिथ्याबुद्धेर्द्वैविध्योपपत्ति:।

अर्थ- तत्व और प्रधान के भेद से मिथ्या बुद्धि के दो प्रकार हैं।एक प्रमाण व दूसरी प्रमेय। किन्तु इन्हें मिथ्या बुद्धि कहना ठीक नहीं है।निरात्मक(जिसमें आत्मा न हो) व निरूपाख्य (जिसका रूप न हो) ऐसे तत्व में सामान्त: सब समाहित हैं। और तत्वज्ञान से दोष निमित्त अहंकार की निवृत्ति होती है।

च.अ.आ. 2 सूत्र 38

सूत्र:- समाधिविशेषाभ्यासात्।

अर्थ- समाधि विशेष के अभ्यास से तत्व ज्ञान उत्पन्न होता है। तत्व ज्ञान का मूल कारकत्व इन्द्रियनिग्रह, आत्मा के साथ तत्वज्ञान के अनुरागी मन का संयोग है। तत्व ज्ञान के होने से श्रोतादि इन्द्रियों के शब्दादि विषय में बुद्धि संलिप्त नहीं हो पाती। इस संयोग के निरन्तर अभ्यास से ही तत्वज्ञान प्राप्त होता है।

च.अ.आ. 2 सूत्र 39

सूत्र:- नार्थ विशेषप्राबल्यात्।

अर्थ- विशेष की प्रबलता से विषय की विशेष सिद्धि नहीं होती। कुछ सामान्य ज्ञान प्रकृति जन्य भी हो जाता है। जैसे बिजली का प्रकाश व बादल की गर्जना जानने के लिए विशेष प्रयास करने की आवश्यकता नहीं होती पर इन्हें सामान्यतः घटित होने पर भी जाना जा सकता है।

च.अ.आ. 2 सूत्र 40

सूत्र:- क्षुदादिभि: प्रवर्तनाच्च।

अर्थ- भूख, प्यास, शीतलता, उष्णता, निद्रा, तंद्रा रोगादि के न होने पर भी इच्छा बुद्धि व मोह आदि के कारण उत्पन्न हो जाती है और इसी कारण मन की एकाग्रता नहीं हो पाती, फिर समाधि से तत्व ज्ञान होना व तत्व ज्ञान से मौक्ष होना तो कथन मात्र रह जाता है। अर्थात् बिना एकाग्रता के न तो तत्वज्ञान हो सकता न ही मौक्ष और एकाग्रता होना अत्यन्त कठिन है।

च.अ.आ. 2 सूत्र 41

सूत्र:- पूर्वकृतफलानुबन्धात्तदुत्पत्ति।

अर्थ- पूर्व में किए गये कर्मफल के अनुबन्ध से ही नवसृजन होता है या नये जन्म की उत्पत्ति होती है। लौकिक कामों के विघ्न दूर करने की शक्ति केवल अभ्यास में है। अभ्यास से ही सिद्धि होती है। इसीलिए अभ्यास को आवश्यक एवं फलोत्पत्ति का साधन कहा गया है।

च.अ.आ. 2 सूत्र 42

सूत्र:- अरण्यगुहापुलिनादिषु योगाभ्यासोपदेश:।

यह उपदेशित किया गया है कि योगाभ्यास अरण्य, गुफा, नदी, तट आदि ऐसे स्थानों पर किया जाये जहाँ लोगों का आना जाना कम हो एवं स्थान सुरक्षित व वातावरण शांत हो। योगाभ्यास से उत्पन्न धर्म दूसरे, जन्म में भी बना रहता है। योगाभ्यास करते करते जब धर्म अति उत्कृष्ट दशा में पहुँच जाता है और जब समाधि भावना बहुत बढ़ जाती है तब तत्व ज्ञान प्राप्त होता

है। जब चित्त एकाग्र होता है तो उसे अन्य ध्वनि या वार्तालाप का आभास नहीं हो पाता।

च.अ.आ. 2 सूत्र 43

सूत्र:- अपवर्गेप्येवं प्रसंग:।

अर्थ- अपवर्ग अर्थात् मुक्ति के सन्दर्भ में कहा गया है कि बद्ध जीव की बुद्धि बाहरी पदार्थों की प्रबलता से उत्पन्न होती है, उसी प्रकार मोक्ष में भी मुक्त जीव को बुद्धि उत्पन्न होगी तो फिर बद्ध और मुक्त जीव में क्या अन्तर है?

च.अ.आ. 2 सूत्र 44

सूत्र:- न निष्पन्नावश्यम्भावित्वात्।

अर्थ- शरीर इन्द्रिय व अर्थ का आश्रय है,इसमें ज्ञान की उत्पत्ति कर्म व चेष्टा से ही होती है। जिसे हम भावी प्रबल व अवश्यम्भावी कहते हैं वह भी बाह्य रूप में आत्मा को ज्ञान नहीं करा सकता। ज्ञानोत्पत्ति इन्द्रियों के संयोग व सामर्थ्य से होती है।

च.अ.आ. 2 सूत्र 45

सूत्र:-, तदभावाश्चापवर्गे।

अर्थ- कारण और आधार (शरीर और इन्द्रियाँ) के अभाव में दुःख या सुख उत्पन्न नहीं होता। शरीर और इन्द्रियाँ ही बुद्धि के निमित्त का भी आश्रय है, इनमें धर्म व अधर्म दोनो ही के अभाव के कारण मुक्ति का भी अभाव ही होने से मुक्ति समय पर भी ज्ञान की प्राप्ति हो जायेगी यह निश्चित रूप से नहीं कहा जा सकता। दुःखों से मुक्ति केवल अपवर्ग में ही संभव है। दूसरे शब्दों में दुःखों का अभाव ही अपवर्ग है। और कारण का निमित्त बुद्धि है।

च.अ.आ. 2 सूत्र 46

सूत्र:- तदर्थं यमनियमाभ्यामात्मसंस्कारो योगाच्चाध्यात्मविध्युपायै: ।। 46।।

अर्थ- उसके(मुक्ति के) लिए यम नियम से आत्मा का संस्कार करना चाहिए ताकि पाप का नाश व पुण्य की वृद्धि हो। योगशास्त्र से आध्यात्म

विधि जिसमे, तप, प्राणायाम, प्रत्याहार, ध्यान व धारणा मुख्य है,जानकर अभ्यास करना चाहिए।

च.अ.आ. 2 सूत्र 47

सूत्र:- ज्ञानग्रहणाभ्यासस्तद्विद्यैश्च सह संवाद: ।

अर्थ- मोक्ष के लिए आत्मविद्या को लगातार पढ़ना, सुनना विचार करना तथा आध्यात्म शास्त्र जानने वालों के साथ बुद्धि की परिपक्वता के लिए वार्तालाप करना चाहिए जिससे संदेह की निवृत्ति ,अज्ञात विषयो का बोध और निश्चित अभ्यनुज्ञान हो।

च.अ.आ. 2 सूत्र 49

सूत्र:- प्रतिपक्षहीनमपि वा प्रयोजनार्थमर्थित्वे ।

अर्थ- प्रतिपक्ष अर्थात् स्वयं के अतिरिक्त यदि किसी दूसरे व्यक्ति से ज्ञान ग्रहण करना है तो तो अपने प्रयोजन हित व पक्षपात को त्याग कर तत्व निर्णय करे। क्योंकि अपने पक्ष हित को लक्षित कर न्याय को परे रख मूल तत्व से भटक जाते हैं व अपना पक्ष दूसरों पर थोपने की चेष्टा करते हैं।

च.अ.आ. 2 सूत्र 50

सूत्र:- *तत्वाध्यवसायसंरक्षणार्थ जल्पवितण्डे बीजपरोहसंरक्षणार्थ कण्टकशाखावरणवत् ।*

अर्थ- *जैसे बीज की रक्षा के लिए उसके चारों और कांटों की शाखा (बाड़) लगा देते हैं, उसी प्रकार तत्व निर्णय की इच्छा रहित केवल विजय की कामना से आक्षेप करते हैं उनके दोष समाधान के लिए जल्प(कुतर्क जो जीतने मात्र की कामना से किए जाएं) वितण्डा(व्यर्थ का विवाद या कहासुनी/ बतंगड़) का उपदेश किया गया है। दूसरे शब्दों में हम कह सकते हैं कि मूल तात्विक सत्य को छुपाने या सत्य से बचने के लिए धूर्त लोग व्यर्थ के मनगढंत तर्क व बात का बतंगड़ रूपी कांटों की बाड़ लगा देते हैं।*

सूत्र:- ताभ्यां विगृह्य कथनम् ।

अर्थ-जल्प(कुतर्क) और वितण्डा (बतंगड) तत्वज्ञान के लिए न करके जीतने की इच्छा से वाद विवाद ग्राह्य नहीं है यदि वह धर्म और विद्या की रक्षा के लिए न होकर स्वयं के लाभ, सम्मान और स्वयं की प्रसिद्धि के लिए किया गया हो।

इति न्यायभाष्ये चतुर्थोऽध्यायः समाप्तः।।

दर्शन पंचम अध्याय

आह्निक 1 (जाति की व्याख्या)

पं.अ.आ.1 सूत्र 1

साधर्म्यवैधर्म्योत्कर्षापकर्षवर्ण्यावर्ण्यविकल्पसाध्यप्राप्त्यप्राप्तिप्रसंङ्गप्रतिदृष्टान्तानुत्पत्तिसंशयप्रकरणहेत्वर्थापत्त्यविशेषोपपत्त्युपलब्ध्यनुपलब्धिनित्यानित्यकार्यसमाः।

अर्थ- 24 जाति निम्नांकित हैं। 1.साधर्म्यसम 2.वैधर्म्यसम 3.उत्कर्षसम 4.अपकर्षसम 5.वर्ण्यसम 6.अवर्ण्यसम 7.विकल्पसम 8.साध्यसम 9.प्राप्तिसम 10.अप्राप्तिसम 11.प्रसंगसम 12.प्रकिदृष्टान्तसम 13.अनुत्पत्तिसम 14.संशयसम 15.प्रकरणसम 16.हेतुसम 17.अर्थापत्तिसम 18.अविशेषसम 19.उपपत्तिसम 20.उपलब्धिसम 21.अनुपलब्धिसम 22.नित्यसम 23.अनित्यसम 24.कार्यसम

पं.अ.आ. 1 सूत्र 2

सूत्र:- साधर्म्यवैधर्म्याभ्यामुपसंहारेतद्धर्मविषयोपपत्ते साधर्म्यवैधर्म्यसमौ।

अर्थ- साधर्म्य और वैधर्म्य दोनो के उपसंहार से धर्म विषय की चर्चा व तर्क से साधर्म्य और वैधर्म्य दोनों समान है। अर्थात् तर्क वितर्क करके सार यह निकलता है कि साधर्म्य व वैधर्म्य दोनों ही समुपयुक्त है। जैसे कोई एक यह कहे कि यह आत्मा से युत व क्रियाशील है चुंकि आत्मा तो होती ही क्रियावान है यह कह कर उपसंहार कर देता है और दूसरा साधर्म्य से खण्डन करे कि आत्मा अक्रिय है, विभु (सर्व व्यापी, महान, परमात्मा)द्रव्य के क्रिया रहित होने से आकाश विभु और शून्य है और चूंकि आत्मा भी ऐसा ही है अत: क्रिया रहित है।

विशेष कोई हेतु न होने पर क्रियावान के साधर्म्य से आत्मा क्रियावान हो गयी व शून्य के साधर्म्य से क्रियाहीन। दोनों में विशेष हेतु नहीं होने से "साधर्म्यसम" प्रतिषेध (निषेध, मनाही,या निवारण)होता है।

पं.अ.आ. 1 सूत्र 3

सूत्र:- गोत्वाद्गोसिद्धिवत्तसिद्धि:।

अर्थ- गो स्वरूप से गो मान लेने से उसका गो होना सिद्ध नहीं होता। गाय भैंस घोड़ी आदि के चार पैर होते हैं दूध भी देते हैं, चारा भी चरते हैं, रंग का भी साम्य हो सकता है पर भैंस व घोड़ी आदि को क्या हम गाय कह सकते हैं। नहीं ना। इसी लिए कहा गया है कि मात्र साधर्म्य या वैधर्म्य के साध्य के सिद्ध करने का संकल्प केवल अव्यवस्था को जन्म दे सकता है। गोत्व से गो सिद्ध होती है केवल वैधर्म्य के कुछ गुणसाम्य से नहीं।

पं.अ.आ. 1 सूत्र 4

सूत्र:-
साध्यदृष्टान्तयोर्द्धर्मविकल्पादुभयसाध्यत्वाच्चोत्कर्षापकर्षवर्ण्यार्वर्ण्यविकल्प
साध्यसमा:।

अर्थ- दृष्टान्त धर्म को साध्य के साथ मिलाने वाले को "उत्कर्ष सम" कहते हैं। साध्य में दृष्टान्त से धर्म अभाव के प्रसंग को "अपकर्षसम" कहते हैं। यदि क्रिया गुण योग से यदि हम लोष्ट(मिट्टी का ढेला) की ही तरह आत्मा को

क्रिया शील माने तो आत्मा को लोष्ट की ही भांति स्पर्श्य भी मानना होगा। यदि हम आत्मा को स्पर्श से अनुभव वाला नहीं मानेंगे तो लोष्ट को भी हम आत्मा की ही भांति क्रिया शील भी नहीं मान सकते।

प्रसिद्धि का योग "वर्ण्य" कहलाता है। इसके विपरीत को"अवर्ण्य" कहते हैं। ये दोनों साध्य दृष्टान्त के धर्म हैं। इसके(दोनो साध्य दृष्टान्त धर्म के)"विपर्य्यय" (प्रतिकूल) को "वर्ण्यावर्ण्यसम" कहते हैं।

साधन धर्मयुत दृष्टान्त में अन्य धर्म के विकल्प से साध्य धर्म के विकल्प का प्रसंग करने कराने की कर्म को " विकल्प सम" कहा गया है। हेतु आदि अवयव सामर्थ्य योगी धर्म साध्य कहलाता है। दृष्टान्त में प्रसंग कराने वाले को साध्यसम कहा जाता है। इसे लोष्ट व आत्मा का तुलनात्मक विवेचन कर समझा जा सकता है।

पं.अ.आ. 1 सूत्र 5

सूत्र:- किन्चित्साधम्र्यादुपसंहारसिद्धेर्वैधम्र्यादप्रतिषेध:।

अर्थ- कुछ साधर्म्य होने से उपमान होता है, सिद्ध वस्तु को छिपा पाना कठिन है। गौ जैसा ही गवय कहा जाने पर गौ और गवय के धर्म विकल्प की शंका नहीं होती। इसी प्रकार साधक धर्म जो कि दृष्टान्त युक्त है, में साध्य और दृष्टान्त के विकल्प से वैधर्म का प्रतिषेध कठिन है।

पं.अ.आ. 1 सूत्र 6

सूत्र:- साध्यातिदेशाच्च दृष्टान्तोपपत्ते:।

अर्थ-जहाँ लौकिक व परीक्षकों की बुद्धि की समानता होती है, किसी तरह का विरोध नहीं होकर जो साम्यता दृष्टि गोचर होती है उस साम्यता को अतिदेश कहते हैं। प्र ज्ञापन(किसी विषय या घटना विशेष की सार्वजनिक सूचना) हेतु ऐसे ही साध्य के सादृश्य उपपन्न(प्रमाणन या सत्यापन) के रहते साध्यता अनुपपन्न(अप्रमाणित) हो जाती है।

पं.अ.आ. 1 सूत्र 7

सूत्र:- प्राप्य साध्यमप्राप्य वा हेतो:प्राप्या
ऽविशिष्टत्वाप्राप्याऽसाधक्त्वाच्चप्राप्यप्राप्तिसमौ।

अर्थ- यह कहना अत्यन्त कठिन है कि हेतुसाध्य को पाकर साध्य को सिद्ध करे या न करे पर प्राप्त साध्य को पाकर साधक ही कहलाता है यद्यपि प्राप्ति हेतु विशेष प्रयास के अभाव में वह असाधक ही होता है। जब दोनो ही बात समान है तो कौन साधक व कौन साध्य है कहना कठिन है। अप्राप्य साध्य नहीं हो सकता। प्राप्ति का प्रत्यवस्थान(यथास्थिति) प्राप्ति सम व अप्राप्ति का प्रत्यवस्थान अप्राप्तिसम ही कहलायेगा।

पं.अ.आ. 1 सूत्र 8

सूत्र:- घटादिप्पत्तिदर्शनात् पीड़ने चाभिचारादप्रतिषेध:।

अर्थ- घट आदि के निर्माण कार्य को कर्ता, करण, व अधिकरण सम्पन्न या सिद्ध करते हैं। अभिचार व पीड़न से रूपी यज्ञ का अनुष्ठान होने पर अदृष्ट कारण से साधकता होती है। यहाँ इन सभी का संयुक्त परिणाम ही सिद्धि है। सिद्धि दृश्य है और पूर्ववर्ती समस्त तत्व व पुरूषार्थ अदृश्य हैं। अत: सिद्धि, तत्व व पुरूषार्थ का परस्पर खंडन नहीं किया जाना चाहिए।

पं.अ.आ. 1 सूत्र 9

सूत्र:- दृष्न्तस्य कारणानपदेशात् प्रत्यवस्थानच्च प्रतिदृष्टान्तेन प्रसंगप्रतिदृष्टान्तसमौ।

अर्थ- दृष्न्त के अनपदेश(विधि विपरीत तर्क)कारण और प्रत्यवस्थान (प्रतिवाद /विपरीत उदाहरण)के प्रसंग को " प्रतिदृष्टान्तसम" कहते हैं। " साधन के लिए भी साधन चाहिए।" इस प्रकार किसी बात का खण्डन करने को " प्रसंगसम प्रतिषेध " कहते हैं।

पं.अ.आ. 1 सूत्र 10

सूत्र:- प्रदीपोपादानप्रसंगनिवृत्तिवत्तद्विनिवृत्ति:।

भा0:- दीपक वही लेना चाहेगा जिसे देखने की जिज्ञासा है यदि यह कहा जाए कि एक नहीं दो दीपक लेकर देखो तो जिज्ञासु कहेगा कि उसकी

आवश्यकता नहीं है। दृष्टान्त अज्ञात को जतलाने के लिए दिया जाता है। दृष्टान्त की विषयवस्तु के बारें में पहले से ही ज्ञात होता है, जिस विषय में लौकिक परीक्षकों की बुद्धि की समता होती है वही दृष्टान्त होता है। उसे जतलाने के लिए कारणापदेश व्यर्थ है। इसे प्रसंगसम उत्तर कहते हैं।

पं.अ.आ. 1 सूत्र 11

सूत्र:- प्रतिदृष्टान्तहेतुत्वे च नाहेतुर्दृष्टान्त:।

अर्थ- प्रतिदृष्टान्त के हेतु व दृष्टान्त के अहेतु से दृष्टान्त का असाधकत्व नहीं होता अत: दृष्टान्त की सार्थकता स्वत: सिद्ध है।

पं.अ.आ. 1 सूत्र 12

सूत्र:- प्रागुत्पत्ते: कारणाभावादनुत्पत्तिसम:।

अर्थ- उत्पत्ति के पूर्व कारण न रहने या कारण के अभाव को अनुत्पत्तिसम कहते हैं।

इससे यह प्रमाणित होता है कि उत्पत्ति से पहले अनुत्पन्न शब्द में प्रयत्न की आवश्यकता ही अनित्यत्व की हेतु है। अनित्यत्व के अभाव में नित्य का होना का होना सिद्ध हुआ। और चूंकि नित्य की तो उत्पत्ति होती ही नहीं। अत: अनुत्पत्ति से प्रत्यवस्थान होना ही अनुत्पत्तिसम हुआ।

पं.अ.आ. 1 सूत्र 13

सूत्र:- तथाभावादुत्पन्नस्य कारणोपपत्तेर्नकारणप्रतिषेध:।

अर्थ- उक्त भावसे उत्पन्न के कारण की उपपत्ति के कारण का प्रतिषेध या विरोध है। अर्थात् किसी भी उत्पत्ति से पहले उस उत्पत्ति का एक कारक तत्व होता है उसी कारक तत्व से उत्पत्ति होती है , कारक तत्व से उत्पत्ति या विनिर्माण के लिए प्रयत्नावश्यकता हेतु अनित्य व अनिवार्य है ।"प्रागुत्पत्ते: कारणाभावात् दोष" उचित नहीं है।।

पं.अ.आ. 1 सूत्र 14

सूत्र:- सामान्यदृष्टान्तयोरैन्द्रियकत्वेसमानेनित्यानित्यसाधर्म्यात्संशयसम:।।

अर्थ- सामान्य उदाहरण या दृष्टान्त के ऐन्द्रियकत्व के नित्य अनित्य का साधर्म्य होना संशयसम है। दूसरे शब्दों में हम कह सकते हैं कि ऐन्द्रियकत्व (प्रयत्न कारण) से उत्पन्न होने से घट की ही भांति शब्द को भी अनित्य कहना संदेह के समान या संदेह ही है। क्योंकि कि दोनों की उत्पत्ति में प्रयत्न कारण होने पर भी शब्द को नित्य अर्थात् ब्रह्म स्वरूप माना गया है।

पं.अ.आ. 1 सूत्र 15

सूत्र:- साधर्म्यात्संशये न संशयो वैधर्म्यादुभगथा वा सशयेऽत्यन्तसंशयप्रसङ्गो नित्यत्वानभ्युपगमाच्च सामान्यस्याप्रतिषेधः।

अर्थ: > जब विशेष वैधर्म्य से पुरुष या तत्व का निर्णय हो जाता है तब स्थाणु और पुरुष का साधर्म्य संदेह से मुक्त नहीं हो सकता। एॅसे ही प्रयत्न के अन्तस्वरूप तत्वरूप का विशेष वैधर्म्य से शब्द के अनित्यत्व का निश्चय हो जाने पर नित्य व अनित्य के साधर्म्य से संदेह मुक्त नहीं हो सकता। क्योंकि ऐसा होने पर स्थाणु और पुरुष के साधर्म्य के अभाव न होने पर अत्यंत संदेह का कारण बन जायेगा।

विशेष का ज्ञान होने पर नित्य का साधर्म्य संदेह का हेतु नहीं बन सकता।

पं.अ.आ. 1 सूत्र 16

सूत्र:- उभयसाधर्म्यात् प्रक्रियासिद्धे: प्रकरणसम:।

अर्थ- उभय(नित्य व अनित्य) के साधर्म्य से पक्ष और प्रतिपक्ष की प्रकृति प्रक्रिया कहलाती है। प्रयत्नान्तरीयकृत्व(प्रयत्न की समानता) से यदि यह कहा जाये कि शब्द भी घट की ही भांति अनित्य है तो यह एक पक्ष को प्रवृत्त करता है। दूसरी ओर नित्य का साधर्म्य शब्द को नित्य सिद्ध करता है। प्रयत्नान्तरीयकत्व हेतुअनित्यत्वसाधर्म्य से प्रकरण की अनति (अविनम्र)वृत्ति से प्रत्यवस्थान (अडिग या तटस्थ) होने से *प्रकरणसम* कहलाता है। जो वैधर्म्य में भी समान है। विपरीत या विरोधी साधर्म्य से दोषारोपण जिसमें दौरान में से एक की सिद्धि व दूजे की निवृत्ति या असिद्धि नहीं हो वह *प्रकरणसम* कहलाता है।।

पं.अ.आ. 1 सूत्र 17

सूत्र:- प्रतिपक्षात्मकरणसिद्धे:प्रतिषेधानुपपत्ति:प्रतिपक्षोपपत्ते:।

अर्थ- दो पदार्थ या तात्विक बातों के साधर्म्य से प्रक्रिया की सिद्धी मानना उचित नहीं हो सकता। क्योंकि एक ही पक्ष यथार्थ सिद्ध हो सकता है जो केवल सत्य या सत्य है जो पहले की अपेक्षा व्दृढ़ होने से प्रतिपक्ष कहा जाता है। एक के पक्ष व दूसरे के प्रतिपक्ष की प्रक्रिया की सिद्धी होने से साधर्म्य से प्रतिषेध (प्रतिरोध या prohibition)की सिद्धी नहीं हो सकती। इसका कारण है तत्व का निश्चय नहीं होना। तत्व के निश्चय होने से प्रकरण समाप्त हो जाता है अतएव केवल प्रकरण से प्रतिषेध की सिद्धी नहीं होती।

पं.अ.आ. 1 सूत्र 18

सूत्र:- त्रेकाल्यासिद्धेर्हेतोरहेतुसमः।

अर्थ- हेतु का अर्थ कारण या साधन होता है। साधन साध्य से पहले ,पीछे या साथ अर्थात् या तो भूत काल में, या वर्तमान में या भविष्य में कहीं भी हो सकता है। किन्तु प्रश्न यह उत्पन्न होता है कि यदि हम कहे कि साधन साध्य से पूर्ववर्ती है तो साध्य के अभाव में साधन की क्या आवश्यकता है? यदि हम उसे पश्चातवर्ती माने तो साधन के न होने पर साध्य को कैसे साधा जायेगा या कैसे प्राप्त किया जायेगा।यदि समकालीन कहा जाये तो दोनो के विद्यमान होने पर किसको किसका साध्य व किसको किसका साधन कहेंगे।इस कारण हेतु की विशेषता ही नहीं रहती। अर्थात् इनका अहेतु के साथ साधर्म्य होने से यह *अहेतुसम* प्रत्यवस्थान(विरोध) हुआ।

पं.अ.आ. 1 सूत्र 19

सूत्र:- न हेतुतः साध्यसिद्धेस्त्रैकाल्यासिद्धिः।

अर्थयह सूत्र सूत्र 18 के उत्तर में कहता है कि हेतु से साध्य की सिद्धी होती है, अतएव तीनो काल(भूत, भविष्य, वर्तमान काल) में सम्पादनीय कार्य की उत्पत्ति एवं ज्ञेय वस्तु का ज्ञान ये दोनों सकारण देखने में आते हैं। यह विषय का प्रत्यक्ष अहम् उदाहरण है। और जो प्रश्न पूर्व सूत्र में आया है कि साध्य के अभाव में किसका साधन होगा तो उसका उत्तर है निवर्त्तयीय(निवारण या नियति के अनुसार लौटना) साध्य व जो विज्ञान है वह साधन होगा।।

पं.अ.आ. 1 सूत्र 20

सूत्र:- प्रतिषेधानुपपत्ते: प्रतिषेद्धव्यप्रतिषेध:।

अर्थ- वंचना(prohibition) की असंगति से वंचनत्व की असिद्धि है। अर्थात् भूत काल में, वर्तमान काल मे या भविष्य वंचना सिद्ध नहीं है किन्तु वंचना की असिद्धि या असंगति से स्थापना के हेतु को असंगत या असिद्ध नहीं माना जा सकता। अर्थात् स्थापना का हेतु सिद्ध है।

पं.अ.आ. 1 सूत्र 21

सूत्र:- अर्थापत्तित: प्रतिपक्षसिद्धेरेर्थापत्तिसम:।

अर्थ- घट का उदाहरण देकर प्रयत्नान्तरीयकत्व के अनित्य साधर्म्य से शब्द को अनित्य बताया गया है। यद्यपि अस्पर्शत्वरूप साधर्म्य से शब्द नित्य है।

हम कह सकते हैं कि अर्थापत्ति से प्रतिपक्ष द्वारा सिद्ध अर्थ अर्थापत्ति सम है।

पं.अ.आ. 1 सूत्र 22

सूत्र:-अनुक्तस्यार्थापत्ते: पक्षहानेरूपपत्तिरनुक्तत्वादनैकान्तिकत्वाचार्थापत्ते:।

अर्थ-सामर्थ्य का उपपादन (प्रमाणन या प्रतिपादन) न करना अनुक्त (अनकहा)अर्थ सिद्ध होता है, ऐसा कहने वाले को अनुक्तत्व से हानि की उपपत्ति (प्राप्ति प्रत्यक्ष,साधना,सिद्धि)होती है। अर्थापत्ति के अनेकांतिक होने से अर्थापत्ति उभयपक्ष हेतु समान है। यदि अस्पर्श्य(स्पर्श रहित) होने के साधर्म्य से आकाश व शब्द नित्य है तो प्रयत्नान्तरीयकत्व रूप अनित्य साधर्म्य से शब्द अनित्य भी है। विपर्यय (प्रतिकूलता) मात्र से अर्थापत्ति आवश्यक नहीं है।

घने पत्थर के गिरने, का तात्पर्य यह नहीं होता कि उसके गिरने मात्र से द्रव रूप जल के पतन का अभाव सिद्ध होता हो। दूसरे शब्दों में हम कह सकते हैं कि बडे पत्थर के गिरने से पानी का पतन नहीं होगा।

पं.अ.आ. 1 सूत्र 23

सूत्र:- एकधर्मोपत्तेरविशेषे सर्वविशेषप्रसङ्गात्सद्भावोपपत्तेरविशेषसम:।

अर्थ-विशिष्ट धर्म की सिद्धी या पुष्टि सब के अविशिष्ट प्रसंग सद्भाव की पुष्टि अविशेषसम प्रत्यवस्थान से कहलायेगी।

पूर्व प्रसंग में प्रयत्नान्तरीयकत्व से घट धर्म के उदाहरण में हमने अनित्यत्व में भी अविशेषता को समझने का सद्भाव से प्रयास किया।

पं.अ.आ. 1 सूत्र 24

सूत्र:- क्व चिद्धर्मानुपपत्ते: क्व चिच्चोपपत्ते: प्रतिषेधाभाव:।

अर्थ- किसी धर्म की असंगति व किसी की संगति प्रतिषेध(आपत्ति) का अभाव है।

साध्य व दृष्टान्त के पक्ष व विपक्ष रूपी धर्म के युक्ति-प्रमाण या सिद्धांत से सामान्यत: अनित्यत्व धर्मान्तर होने की ही भांति सद्भावना के सिद्धांत से अनित्य धर्म के अन्तर से ही सब पदार्थ अनित्य सिद्ध होते हैं। प्रतिज्ञात धर्म से भिन्न दूसरा उदाहरण या दृष्टान्त नहीं है। और बिना उदाहरण या दृष्टान्त का कोई हेतु नहीं होता। चूंकि साध्य उदाहरण नहीं हो सकता, इसलिए नित्यानित्य भाव से अनित्यत्व की अनुपपत्ति होती है। सद्भाव के सिद्धांत से सर्वविशेष(सर्व सामान्य) प्रसंग हो जाता है। सद्भाव के सिद्धांत से सब भावों को अनित्य कहने से शब्द का अनित्यत्व मान लेने पर प्रतिषेध का अनुपपन्न(अप्रमाणन)मान्य हो जाता है।

पं.अ.आ. 1 सूत्र 25

सूत्र:- उभयकारणोपपत्तेरूपपत्तिसम:।

अर्थ-दोनो कारणों की उपपत्ति से प्रत्यवस्थान(यथास्थिति/पूर्व की भांति) उपपत्तिसम(प्रत्यक्ष सम) हुआ।

दोनो कारण अर्थात् किसी के नित्यत्व का भी और अनित्यत्व का भी ।जैसे शब्द स्पर्श के अभाव के कारण नित्य है तो उत्पत्ति के कारण से अनित्य है। अत: सिद्धांत भेद के कारण नित्य अनित्य दोनो ही सिद्ध होने से प्रत्यवस्थान उपपत्तिसम हुआ।

पं.अ.आ. 1 सूत्र 26

सूत्र:- उपपत्तिकारणाभ्यनुदानादप्रतिषेध:।

*व्याघातात्प्रतिषेध इतिचेत्समानो व्याघात: ।।

अर्थ- उपपत्ति (सिद्धांत/युक्ति प्रमाण) अनुज्ञा(स्वीकृति) प्रतिषेध (निषेध,निवारण/ खंडन)

व्याघात(धक्का/आघात/बाधा) कारण सिद्धांत युक्त स्वीकृति के खंडन से की गई पुष्टि की निर्बाधता ही व्याघात (आघात)के समान है।

पं.अ.आ. 1 सूत्र 27

सूत्र:- निर्दिष्टकारणाभावेप्युपलम्भादुपलब्धिसम:।

अर्थ-निर्दिष्ट कारण या साधन के अभाव में भी साध्य धर्म की प्राप्ति से प्रत्यवस्थान(पुनर्स्थापना/ restoration) उपलब्धि सम होता है।

*यह कहना कि प्रयत्न से निर्मित घट की तरह शब्द अनित्य है और उसके प्रतिवादी का यह कहना कि प्रयत्न विहीन होने पर भी वायु वेग से वृक्ष की शाखा के टूटने से उत्पन्न शब्द का भी अनित्य होना प्रत्यक्ष है। इस प्रकार प्रयत्न से निर्मित घट व वायु वेग से प्रयत्न विहीन डाली के टूटने के शब्द में अनित्यत्व दोनो में उपलब्धि समान होने से प्रत्यवस्थान से यह उपलब्धि सम हुआ।

पं.अ.आ. 1 सूत्र 28

सूत्र:- कारणान्तरादपि तद्धर्मोपपत्तेरप्रतिषेध:।

अर्थ- कारण के अन्तर होने पर भी उस धर्म की उपपत्ति या उत्पत्ति हो तो क्या प्रतिषेध या आपत्ति है?

प्रयत्नान्तरीयकत्व से शब्द या अन्य तत्व की उत्पत्ति कारण से कही गयी। किन्तु कारण भी भिन्न भिन्न हो सकते हैं। उच्चारण से पूर्व विद्यमान शब्द की अनुपलब्धता व जल की आवरण के कारण अनुपलब्धता दोनों भिन्न है। दोनों का अनित्यत्व कहने में भी उत्पत्ति के कारण का कोई प्रतिषेध नहीं है।

पं.अ.आ. 1 सूत्र 29

सूत्रः- तदनुपलब्धेरनुपलम्भादभावसिद्धौ तद्विपरीतोपपत्तेरनुपलब्धिसमः।।
29।।

अर्थ- उन आवरणादियों के अनुपलम्भ(अनुत्पत्ति या अप्राप्याभाव)से सिद्ध अनुपलब्धता तथा उसके विपरीत उत्पत्ति को अनुपलब्धि के समान ही माना जाता है।

अभाव के सिद्ध होने पर और हेतु के न होने से आवरण आदि का विपरीत अस्तित्व होता है। उस विपरीत उपपत्ति से ज्ञान भाव था कि उच्चारण से पहले विद्यमान शब्द की अनुपलब्धता नहीं यह सिद्ध नहीं होता। इसलिए आवरणादिकों में हेतु आवरणादि की अनुपलब्धता होने पर समय की अनुपलब्धि से अनुपलब्धि सम प्रत्यवस्थित होता है।

पं.अ.आ. 1 सूत्र 30

सूत्रः- अनुपलम्भात्मकत्वादनुपलब्धेरहेतुः।

अर्थ- अनुपलम्भ(अनाभासीय या अप्रत्यक्षता) ही अनुपलब्धता का हेतु जाना जाता है।

आवरणादिकों की अनुपलब्धि परिलिक्षित या उपलब्ध ही नहीं होती जिसका कारण अनुपलंभ या अनाभास है। अनाभास व हेतु के अभाव के कारण आवरणादिकों का विपरीत अस्तित्व निश्चित होता है।

इस विपरीत अस्तित्व उपपत्ति प्रभाव के कारण जो अवधारणा प्रचलित है कि उच्चारण के पहले विद्यमान शब्द की अनुपलब्धि नहीं है, यह बात सिद्ध नहीं होती।

इसलिए आवरणादिकों में आवरणादिकों की अनुपलब्धि के हेतु समय की अनुपलब्धि ही अनुपलब्धि के समान प्रत्यावस्थित होती है।

पं.अ.आ. 1 सूत्र 31

सूत्रः- ज्ञानविकल्पानां च भाषाभाषी संवेदनादध्यात्मम्।

अर्थ- आत्मा में शरीर संबंधित ज्ञान विकल्पों के भाव व अभाव दोनों की संवेदना है।

व्यक्ति जिस प्रकार स्वयं ही स्वयं के संदेह को जानना या न जानना समझता या जानता मानता है ,उसी प्रकार उसे प्रत्यक्ष, अनुमान, शब्द और स्मृति को जानना मानना चाहिए।

आवरणिकाओं में उपलब्धि का अभाव स्वयंसिद्ध है। शब्द के आवरणादिकों की अनुपलब्धि नहीं है, इसलिए शब्द के अग्राह्यता के कारक आवरणादिकों की उपलब्धि नहीं होने पर अनुपलब्धि के अनुपलंभ(अनाभासीयता) से अभाव की सिद्धि कहना उचित नहीं है।

पं.अ.आ. 1 सूत्र 32

सूत्र:- साधर्म्यात्तुल्यधर्मोपपत्ते: सर्वानित्यत्वप्रसङ्गादनित्यसम:।

अर्थ- घट की ही भांति शब्द को साधर्म्य से अनित्य मानना व उसके सब पदार्थों को भी साधर्म्य के प्रसंग से अनित्य मानना प्रत्यवस्थान हेतु से अनित्य सम होता है।

पं.अ.आ. 1 सूत्र 33

सूत्र:- साधर्म्यादिसिद्धे: प्रतिषेध्यसिद्धि: प्रतिषेध्यसाधर्माच्च।

अर्थ- अवयव युक्त सप्रतिज्ञ वाक्य पक्ष का होता है। प्रतिषेध प्रतिपक्ष स्वरूप है। प्रतिषेध का प्रतिषेध पक्ष के समान या साधर्म्य है।

इस प्रकार यदि अनित्य के साधर्म्य से अनित्यत्व की असिद्धि होगी तो असिद्धि के प्रतिषेध की भी प्रतिषेध्य के साथ साधर्म्य भाव से असिद्धि ही होगी।

पं.अ.आ. 1 सूत्र 34

सूत्र:- दृष्टान्त च साध्यसाधनभावेन प्रज्ञातस्य धर्मस्य हेतुत्वात्तस्य चो भयथा भावान्नाविशेष:।

अर्थ- दृष्टान्त में नियत व साध्यसाधन भाव से जो धर्म ज्ञात होता है वह हेतु कहलाता है। वह हेतु दो प्रकार का होता है। सामान्य(समान) व विशेष। सामान्य से ही साधर्म्य होता है। विशेष को वैधर्म्य कहते हैं।

किन्तु चूंकि दृष्टान्त में हम विशेष विषय या घटना को लक्षित कर कोई बात कहते हैं, अत: कह सकते हैं कि साधर्म्य भी विशेष हेतु होता है न कि अवशेष हेतु।

साधर्म्य मात्र, वैधर्म्य मात्र या साधर्म्यवैधर्म्य मात्र का आश्रय लेकर "साधर्म्यात्तुल्यधर्मोपपत्ते सर्वानित्यत्वप्रसंगादनित्यसम:" कहना अयुक्त है और "अविशेषसम" के प्रतिषेध में जो कहा गया है उसे जानना भी आवश्यक है।

पं.अ.आ. 1 सूत्र 35

सूत्र:- नित्यमनित्यभावादनित्ये नित्यत्वोपपत्तेर्नित्यसम:।

अर्थ- नित्य के नित्य अनित्य भाव से नित्यत्व की उपपत्ति नित्यत्व के प्रत्यवस्थान से नित्यसम हुआ। अनित्यत्व में ही नित्यत्व समाहित होता है। धर्म के सदा होने से धर्मी का भी सदा होना सिद्ध होता है। शब्द के लिए कहा जा सकता है कि वह सदा हो यह आवश्यक नहीं। किन्तु यदि अनित्यत्व का अभाव होना भी नित्यत्व हुआ अत: अनित्यत्व में नित्यत्व के प्रत्यवस्थान को नित्यसम ही कहा जायेगा।।

पं.अ.आ. 1 सूत्र 36

सूत्र:- प्रतिषेध्येनित्यमनित्यभावादनित्ये नित्यत्वोपपत्ते: प्रतिषेधाभाव:।

अर्थ-नित्य अनित्य के भाव में नित्य के प्रतिषेध से नित्यत्व की उपपत्ति(उत्पत्ति) में प्रतिषेध(विरोधाभास) का अभाव है।

प्रतिषेध्य में नित्यत्व अनित्य होने से शब्द का अनित्यत्व मान्य हुआ। और अनित्यत्व की उपपत्ति से शब्द का अनित्य न होने का निषेध नहीं है।

पं.अ.आ. 1 सूत्र 37

सूत्र:- प्रयत्नकार्यानिकत्वात्कार्यसम:।

अर्थ- कार्य हेतु प्रयत्न के अनेकत्व भी कार्य सम होते हैं।

प्रयत्न के आनन्तरीयकत्व(प्रयत्न से उत्पन्न होने वाला) शब्द अनित्य है। जिसके अन्तर कार्यस्वरूप लाभ है जो न होकर भी होता है। जैसे घट

अनित्य है वह होकर भी नहीं होता। "प्रयत्नकार्यानिकत्वात्" यह प्रतिषेध है। प्रयत्न के अनन्तर ही घटादिकों का स्वरूप लाभ परिलक्षित होता है। किन्तु यदि आवरण हटा दिया जाए तो उसके व्यवहित या घटक पदार्थों की अभिव्यक्ति हो जाती है। कार्य विशेष के प्रत्यवस्थान के कारण सभी आन्तरिक प्रयत्न कार्य समान ही कहे जाते हैं।।

पं.अ.आ. 1 सूत्र 38

सूत्र:- कार्यान्यत्वे प्रयत्नाहेतुत्वमनुपलब्धिकारणोपपत्ते:।

अर्थ- कार्य का अन्यत्व प्रयत्न के अहेतुत्व की अनुपलब्धि की उपपत्ति ही कारणस्वरूप है।

जहाँ प्रयत्न के अनन्तर अभिव्यक्ति है वहाँ अनुपलब्धि कारण व्यवधान उत्पन्न होता है। व्यवधान के दूर होने पर प्रयत्न के अनन्तर होने वाले अर्थ की उपलब्धि रूप अभिव्यक्ति होती है न कि शब्द की अनुपलब्धि का कोई कारण उपपन्न होता है। प्रयत्न के अनन्तर व्यवधान के हटने से शब्द की उपलब्धिरूप अभिव्यक्ति होती है । शब्द उत्पन्न होता है अभिव्यक्त नहीं।

पं.अ.आ. 1 सूत्र 39 व 40

सूत्र:-प्रतिषेधेऽपि समानों दोष:।

सर्वत्रैवम्।

अर्थ- हेतु के अनेकान्तिक होने से यदि अभाव माना जायेगा तो प्रतिषेध भी अनान्तिक है। अनित्यत्व व नित्यत्व दोनो में प्रयत्न के अनन्तर अभिव्यक्ति होती है, उत्पत्ति नहीं। दोनों में ही कोई विशेष हेतु नहीं है। और विशेष हेतु के दोनों पक्षों में अभाव होने के कारण दोनो ही अनेकान्तिक हैं।।

साधर्म्य आदि प्रतिषेध, हेतु में जहाँ विशेष है वहाँ वह उभय पक्ष में समान है।

पं.अ.आ. 1 सूत्र 41 - 42

सूत्र:- प्रतिषेधविप्रतिषेधे प्रतिषेधदोषवद्दोष: ।

प्रतिषेधंसदोषमभुपेत्यप्रतिषेधविप्रतिषेधेसमानोदोषपरसङ्गोमतानुज्ञा ।

अर्थ- प्रतिषेध अर्थात् खंडन और विप्रतिषेध अर्थात् पुष्टि में प्रतिषेध दोषवत् दोष होता हैं।

प्रतिषेध में यदिअनैकान्तिक रूप समान दोष है, तो यह प्रतिषेध के प्रतिषेध में भी समान रूप से होता है।

प्रतिषेध को सदोष मानकर उसका देषोन्मोचन न करने से प्रतिषेध के विप्रतिषेध में समान दोष वाले प्रसंग की अनुज्ञा प्रसक्त होती है ।। 42।।

पं.अ.आ. 1 सूत्र 43

सूत्र:-स्वपक्षलक्षणापेक्षोपपत्त्युपसंहारे हेतुनिर्दर्देशे परपक्षदोषाभ्युपगमात्समानो दोष इति।

अर्थ- प्रथम पक्ष जिसे वादी या स्थापना पक्ष भी कहा जाता है पर प्रयत्न कार्यनिकत्व हेतु स्वपक्षलक्षण दोष स्थापना करनी होती है। स्वपक्षलक्षण दोष को बिना हटाये स्वपक्ष निर्धारित नहीं किया जा सकता। स्वपक्षलक्षण दोष का प्रतिषेध किये बिना स्व पक्ष का निर्धारण भी नहीं किया जा सकता है।

दूसरे पक्ष के दोष अभ्यानुगमन का प्रतिषेध भी समान रूप से स्वपक्षलक्षण ही है। वाद का पहला तीसरा व पांचवा अभ्यानुगमन भी स्वपक्षलक्षण ही होता है जिसमे परपक्षदोष का अभ्यानुगमन कर अपने पक्ष को अधिक संबल प्रदान किया जाता है।

इतिपंचमोऽध्यायस्यप्रथमान्हिकं।।

आह्निक 2 (निग्रह स्थान)

पं.अ.आ. 2 सूत्र 1

सूत्र:- प्रतिज्ञाहानिः प्रतिज्ञान्तरं प्रतिज्ञाविरोधः प्रतिज्ञासन्यासाहेत्वन्तरमर्थान्तरं निरर्थकप्रविज्ञातार्थमपार्थकमप्राप्तकालं

न्यूनमधिकपुनरूक्तमननुभाषणमज्ञानमप्रतिभाविक्षेपो
मतानुज्ञापर्यनुयोज्योपेक्षणनिरनुयोज्यानुयोगो S पसिद्धान्तो हेत्वाभासाश्च
निग्रहस्थानानि ।। 1। ।

अर्थ- निग्रह स्थान के रूप में प्रतिज्ञा हानि, प्रतिज्ञान्तर,प्रतिज्ञा विरोध,
प्रतिज्ञासन्यास, हेत्वान्तर, अर्थान्तर, निरर्थक, अविज्ञातार्थ, अपार्थक,अप्राप्त
काल, न्यून, अधिक, पुनरूक्त,अननुभाषण, अज्ञान, अप्रतिभा,विक्षेप,
मतानुज्ञा, पर्य्यनुयोज्योपेक्षण, निरनुयोज्यानुयोग, अप सिद्धान्त, और
हेत्वाभास ये 22 निग्रह स्थान बताये गये हैं।

इनका विस्तृत विवरण आगे के सूत्रों में है।

पं.अ.आ. 2 सूत्र 2

सूत्र:- प्रतिदृष्टान्तधर्माभ्यनुज्ञा स्वदृष्टान्ते प्रतिज्ञा हानिः।

अर्थ- सामर्थ्य के विरूद्ध धर्म से प्रतिषेध कहने पर प्रतिदृष्टान्त के धर्म को
अपने दृष्टान्त में मानने वाले का प्रतिज्ञा 'छोड़ना' ही प्रतिज्ञा हानि है।

अपने पक्ष को छोडना ही प्रतिज्ञा हानि है, क्योंकि स्व पक्ष प्रतिज्ञा पर आश्रित
होता है। यह प्रतिज्ञा हानि सामान्यतः दूसरे के पक्ष के समर्थन करने या
प्रतिषेध नहीं करने से होता है।

पं.अ.आ. 2 सूत्र 3

सूत्र:- प्रतिज्ञातार्थप्रतिषेधे धर्मविकल्पात्तदर्थनिर्देश: प्रतिज्ञान्तरम्।
अर्थ- प्रतिज्ञात अर्थ (पदार्थ) के प्रतिषेध (विरोध या प्रतिकार)होने पर धर्म के
विकल्प से उसके अर्थ के निर्देश को 'प्रतिज्ञान्तर" कहते हैं।

शब्द के इन्द्रिय गत विषय होने से शब्द घट की ही भांति अनित्य है।
प्रतिदृष्टान्त से इन्द्रिय विषय जाति होकर नित्य है यह उपरोक्त का प्रतिषेध
है। प्रतिज्ञात अर्थ के प्रतिषेध (प्रतिकार या विरोध) से धर्म विकल्प से दृष्टान्त
व प्रतिदृष्टान्त के समान धर्मत्व होने से इन्द्रिय विषय जाति नित्य व सर्वगत
है। पर इन्द्रिय विषय घट सर्वगत नहीं है अर्थात अनित्य है।

यहाँ अब शब्द अनित्य है यह एक पक्ष या प्रथम प्रतिज्ञा हुई, शब्द सर्वगत
नहीं यह दूसरी प्रतिज्ञा हुई । इसे पराजय स्थान कहने का हेतु यह है कि

प्रतिज्ञा की साधक दूसरी प्रतिज्ञा नहीं हो सकती। किन्तु प्रतिज्ञा के साधक हेतु और दृष्टान्त होते हैं, अत: असाधक है।

पं.अ.आ. 2 सूत्र 4

सूत्र:- प्रतिज्ञाहेत्वार्विरोध: प्रतिज्ञाविरोध:।

अर्थ- प्रतिज्ञा और प्रतिज्ञा के हेतु के विरोध को प्रतिज्ञा विरोध कहते हैं।

द्रव्य का गुण से भिन्न होना प्रतिज्ञा है। अर्थान्तर की अुपलब्धि से रूप आदिक हेतु है। ये दोनो बात परस्पर विरोधी है। इन दोनों बातों का समान न होना ही प्रतिज्ञा विरोध है। इसका ही नाम प्रतिज्ञा विरोध निग्रहस्थान कहलाता है।

पं.अ.आ. 2 सूत्र 5

सूत्र:- पक्षप्रतिषेधे प्रतिज्ञातार्थापनयनं प्रतिज्ञासन्यास:।

अर्थ- पक्ष के निषेध होने पर प्रतिज्ञात 'माने हुए' अर्थ का त्याग ही "प्रतिज्ञासन्यास" कहलाता है।

पं.अ.आ. 2 सूत्र 6

सूत्र:- अविशेषोक्ते हेतौ प्रतिषिद्धे विशेषमिच्छतो हेत्वन्तरम्।

अर्थ- अविशेष अर्थात् सामान्य रूप से कहे गये हेतु के निषेध करने पर विशेष की अपेक्षा करने वाले "हेत्वन्तर" नामक निग्रह स्थान प्राप्त होता है।

किसी प्रतिज्ञा की सिद्धी के लिए साधारण रूप से कोई हेतु या प्रयोजन बताया गया परन्तु फिर किसी ने कोई आक्षेप लगा दिया तब उसी प्रयोजन या हेतु में एक और विशेषण या हेतु (पक्ष) जोड़ दिया तो यह "हेत्वन्तर" नामक निग्रह स्थान या बिन्दु हुआ।

पं.अ.आ. 2 सूत्र 7

सूत्र,:- प्रकृतार्थादप्रतिसम्बन्धार्थमर्थान्तरम्।

अर्थ- प्रकृति अर्थात् मूल या वास्तविक अर्थ से संबंधित अर्थ न रखने वाले अर्थ को "अर्थान्तर" कहते हैं। इस प्रकार प्रकृत अर्थ से कोई सम्बन्ध नहीं रखने वाले अर्थ को ही "अर्थान्तर निग्रह स्थान" या बिन्दु कहा जाता है।

पं.अ.आ. 2 सूत्र 8

सूत्र:- वर्णक्रमनिर्द्देशवन्निरर्थकम्।

अर्थ- वर्ण क्रम क च ट त प नित्य शब्द प्रतीझ है।

ज व ग उ द त्व ये हेतु प्रति है।

झ भ घ ध उपमा प्रति है।

इस प्रकार नाम और अर्थ की अनुपपत्ति(अनुपलब्धता) के कारण कोई अर्थ बोध नहीं होता है। केवल वर्ण या वर्ण क्रम ही उच्चारित होता है, जिसके निरर्थक होने से इसे "निरर्थक नामक निग्रह स्थान" या बिन्दु कहा जाता है।

पं.अ.आ. 2 सूत्र 9

सूत्र:- परिषत्प्रतिवादिभ्यां त्रिरभिहितमन्यविज्ञातमविज्ञातार्थम्।

अर्थअपने मन्तव्यार्थ यदि कोई वादी ऐसे शब्दों का प्रयोग करे जो प्रसिद्ध या प्रचलित न हो अथवा शब्दों का इस प्रकार उच्चारण करे कि वाक्य बहु अर्थी हो जाता हो अथवा वह वाक्य किसी भी सभासद या विद्वान के समझ ही न आए तो वादी अथवा वक्ता "अविज्ञातार्थ" नामक निग्रह से पराजित हो जाता है।

धूर्त लोगों के ऐसे वचन या वाक्य "अविज्ञ" होने से उसकी अपेक्षा फल-विरूद्ध होकर निरर्थक हो जाती है।

पं.अ.आ. 2 सूत्र 10

सूत्र:- पौर्वापर्ययोगादप्रतिसम्बद्धार्थमपार्थकम्।

अर्थ- जहां अनेक पद या वाक्यों का क्रम समन्वय न होने से विषय की असंबद्धता हो जाती है उसे "असम्बद्धार्थत्व" नाम से जाना जाता है। अतः वह समुदाय अर्थ के अपाय(हानि या अनुपलब्धि) के कारण "अपार्थक" नामक निग्रह स्थान या बिन्दु कहलाता है।।

पं.अ.आ. 2 सूत्र 11

सूत्र:- अवयवविपर्यासवचनमप्राप्तकालम्।

अर्थ- प्रतिज्ञा आदि अवयवों का जो लक्षणानुसार निर्धारित क्रम है, किसी कारण या अर्थ वश उस क्रम के अलग या समय के विपरीत कथन को अप्राप्तकाल नामक निग्रह कहते हैं, जिसका मूल कारण क्रम विरुद्ध कथन से साध्य की सिद्धि न होना है।

पं.अ.आ. 2 सूत्र 12

सूत्र:-हीनमन्यतमेनाप्यवयवेन न्यूनम्।

अर्थ-प्रतिज्ञा आदि पांच (प्रतिज्ञा, हेतु, उदाहरण,उपनय (निकटता या प्राप्ति),और निगम(पथ या लक्ष्य पथ)वाक्य के ये पांच आवश्यक अवयव या भाग होते हैं)अवयवों में से किसी भी एक अवयव से हीन वाक्य को कहना, कारण चाहे सभाक्षोभ हो या अन्य, न्यून नामक निग्रह कहलाता है क्योंकि किसी भी एक अवयव के हीन या कम होने पर साधन के साध्य की सिद्धि नहीं होती

पं.अ.आ. 2 सूत्र 13

सूत्र:- हेतुदाहरणाधिकमधिकम्।

अर्थ- हेतु और उदाहरण के अधिक होने से अधिक नामक निग्रह कहलाता है। जब कार्य की सिद्धि एक ही वाक्य से हो सकती है तो निरर्थक ही दूसरा वाक्य कह कर पुष्टि या पुनरावृत्ति से कार्य बिगड़ भी सकता है। यद्यपि यह सर्वदा लागू नहीं होती केवल ऐसा नियम मानने से ही होती है।

पं.अ.आ. 2 सूत्र 14

सूत्र:- शब्दार्थयो: पुनर्वचनं पुनरूक्तमनयत्रानुवादात्।

अर्थ- शब्द के अर्थ हेतु जो किसी वाक्य या बात का पुनर्कथन होता है उसे अनुवाद कहते हैं।इस हेतु पुनर्कथन पर कोई दोष नहीं होता है। व्यर्थ ही जो बात पुन: कही जाए उसे पुनरूक्त कहते हैं। उसे हम पुनरूक्त नामक निग्रह स्थान या दोष कहते हैं। पुनरूक्त दो प्रकार के होते हैं।एक शब्द

पुनरूक्त जो किसी प्रयोजन से अर्थ की सिद्धि के लिए होता है। यह पुनरूक्त होने पर भी इसमें पुनरूक्त दोष या निग्रह नहीं होता है।

दूसरा पुनरूक्त **अर्थ**-पुनरूक्त होता है।

पं.अ.आ. 2 सूत्र 15

सूत्र:- अर्थादापन्नस्य स्वशब्देन पुनर्वचनम् ।

अर्थ- एक शब्द से जिस अर्थ की प्रतीति होती है,उसी अर्थ को पुनः अन्य शब्द से कहना "**अर्थ**पुनरूक्त" है। इसे ही **अर्थ**पुनरूक्त निग्रह कहते हैं।

पं.अ.आ. 2 सूत्र 16

सूत्र:- विज्ञातस्य परिषदा त्रिरभिहितस्याप्य प्रत्युच्चारणमननुभाषणम् ।

अर्थ- परिषद या सभासदों ने जिस विषय को जान लिया और वादी ने जिसे तीन बार कह दिया उसे सुन जान कर भी यदि प्रतिवादी कुछ न कहें तो उसे "अननुभाषण" निग्रह कहते हैं।

पं.अ.आ. 2 सूत्र 17

सूत्र:-अविज्ञातं चाज्ञानम्।

अर्थ- जिस बात को सभासद विद्वानों ने अच्छी तरह जान लिया हो और उसी बात को प्रतिवादी ने वादी को तीन बार समझाने के लिए कहा हो और वादी समझाने में असमर्थ रहा हो इस कारण जो वादी को पराजित होना पड़ा हो तो इस को "अज्ञान" निग्रह कहते हैं।

पं.अ.आ. 2 सूत्र 18

सूत्र:- उत्तरस्याप्रतिपत्तिरप्रतिभा ।

अर्थ- पर पक्ष का खंडन करना उत्तर है।अत: यदि किसी कारण वश समय पर उत्तर नहीं सूझने से उत्तर नहीं दिया जाता तो वह अप्रतिभा नामक निग्रह या दोष कहलाता है।

पं.अ.आ. 2 सूत्र 19

सूत्र:- कार्यव्यासङ्गात्कथाविच्छेदो विक्षेप: ।

अर्थ- जहाँ प्रतिपक्ष यह कह कर कार्य को टाल दे कि अभी उसे कोई अन्य आवश्यक कार्य है, वह निपटा कर फिर बात करते हैं तो इस तरह के विक्षेप को "कथाविच्छेद" नामक निग्रह कहते हैं।

पं.अ.आ. 2 सूत्र 20

सूत्र:- स्वपक्षदोषाभ्यूपगमात् प्रवेश दोषप्रसङ्गो मतानुज्ञा ।

अर्थ- प्रतिवादी ने जो दोष मंढा उसे अपने पक्ष में अंगीकार करके बिना उसके प्रतिकार किए यह कहना कि तुम्हारे (प्रतिवादी के) प में भी ऐसा ही दोष है "मतानुज्ञा" नामक निग्रह दोष कहलाता है। क्योंकि प्रतिवादी के खण्डन का प्रतिकार किए बिना अपने पक्ष की सिद्धि नहीं हो सकती। बल्कि इससे दोनों ही पक्षों की सिद्धि संदेहास्पद हो सकती है।

पं.अ.आ. 2 सूत्र 21

सूत्र:- निग्रहस्थानप्राप्तस्यानिग्र: पर्यनुयोज्योपेक्षणम् ।

अर्थ- निग्रह स्थान में प्राप्त हुए का निग्रह न करना "पर्यनुज्योपेक्षण" नामक निग्रह स्थान कहलाता है। यह पराजय किसकी है यह सभा अर्थात् विद्वानों की न्यायसभा को स्पष्ट करना चाहिए क्योंकि जो निग्रह स्थान में आया है या जो इसका दोषी है वह निश्चय ही अपनी पत (ओट) नहीं खोलेगा। क्योंकि वह स्वयं इसका खुलासा करके अपनी पराजय तो नहीं चाहेगा।

पं.अ.आ. 2 सूत्र 22

सूत्र:- अनिग्रहस्थाने निग्रहस्थानाभियोगोनिरनुयोज्यानुयोग: ।

अर्थ- अनिग्रहस्थान को भ्रमवश निग्रह स्थान बता कर पर पक्ष की हानि का पक्ष लेने की स्थिति को ही "निरनुयोज्यानुयोग" नामक निग्रह स्थान कहते हैं।इसके अतिरिक्त जहां निग्रह स्थान का दर्श व्यक्त करना हो वहाँ मौन रहकर कथन की समाप्ति पर वादी की अज्ञानता और अपने बोध के

आधिक्य को प्रकट करने के लिए निग्रह स्थान को प्रकट करने को भी "निरनुयोज्यानुयोग" कहते हैं।

पं.अ.आ. 2 सूत्र 23

सूत्र:- सिद्धान्तमभ्युपेत्यानियमात् कथाप्रसङ्गोऽपसिद्धान्त: |

अर्थ- किसी सिद्धांत के अर्थ को आधार बनाकर नियम विरुद्ध कथा प्रसंग करना "अपसिद्धान्त" नामक निग्रह स्थान कहलाता है। जैसे कोई कहे कि पुत्र पिता की संतान होता है इस पर कोई कहे माता के बिना संतान कैसे हो सकती है अतः पुत्र तो पिता की नहीं माता की संतान है।

इसलिए मैं उपरोक्त कथन कि पुत्र पिता की संतान हैं नहीं मानता। जबकि यह एक सामान्य कथन है।पर इसका सिद्धांतत: विरोध करना ही अपसिद्धान्त नामक निग्रह कहलाता है।

दूसरे शब्दों में या अधिक सटीक रूप में सत् की आत्महानि व असत् के आत्मलाभ को मान लेने को ही "अपसिद्धान्त" कहते है।

पं.अ.आ. 2 सूत्र 24

सूत्र:- हेत्वाभाश्च यथोक्ता: |

अर्थ- जैसा पूर्व में कहा गया है वही हेत्वाभास निग्रह स्थान है। हेत्वाभास का निग्रह स्थान मानना ठीक वैसा ही है जैसा प्रमाणों का प्रमेय होना मान लेना

साध्य की सिद्धि न होकर साध्य की जिस स्थान या कारण से हानि होती हो,उसे ही निग्रह स्थान या निग्रह कारण हिन्दू कहते हैं।

प्रमाणादि पदार्थों को स्पष्ट कर उनके लक्षणों का विवेचन व परीक्षा श्रीमन्महर्षि अक्षपाद गोतम ने इस न्याय दर्शन के माध्यम से की जिसका भाष्य मुनि वात्स्यायन ने किया वह पूर्ण हुआ।

महर्षि गौतम जी की आरती

श्री हरि हर गुरु गणपति , सबहु धरि ध्यान।
मुनि मंडल श्रृंगार युक्त, श्री गौतम करहुँ बखान।।

ॐ जय गौतम त्राता , स्वामी जी गौतम त्राता ।
ऋषिवर पूज्य हमारे ,मुद मंगल दाता।। ॐ जय।।

द्विज कुल कमल दिवाकर , परम् न्याय कारी।
जग कल्याण करन हित, न्याय रच्यौ भारी।। ॐ जय।।

पिप्लाद सूत शिष्य आपके, सब आदर्श भये।
वेद शास्त्र दर्शन में, पूर्ण कुशल हुए।।ॐ जय।।

गुर्जर करण नरेश विनय पर तुम पुष्कर आये ।
सभी शिष्य सुतगण को, अपने संग लाये।।ॐ जय।।

अनावृष्टि के कारण संकट आन पड्यो ।
भगवान आप दया करी, सबको कष्ट हरयो।।ॐ जय।।

पुत्र प्राप्ति हेतु , भूप के यज्ञ कियो।
यज्ञ देव के आशीष से , सुत को जन्म भयो।।ॐ जय।।

भूप मनोरथ पूर्ण करके , चिंता दूर करी।
प्रेतराज पामर की , निर्मल देह करी।।ॐ जय।।

ऋषिवर अक्षपाद की आरती ,जो कोई नर गावे।
ऋषि की पूर्ण कृपा से , मनोवांछित फल पावे ।।ॐ जय।।

मैंने कुछ अपनी अल्प समझ के अनुसार सरलीकरण करने का छोटा सा प्रयास किया है। सुधि जन जहां कहीं भी त्रुटि दिखाई दे वह संज्ञान में लाकर यथोचित सुधार करवा कर सहयोग करें।

...जय महर्षि गोतम.

.... भवानी शंकर शर्मा, हाउसिंग बोर्ड, सवाई माधोपुर,. राजस्थान